"As práticas sugeridas por Shunmyo Masuno, acessíveis e importantes, aquecem-nos com a sua reconfortante simplicidade."

— Sarah Wilson, autora de *First We Make the Beast Beautiful*, *bestseller* do *New York Times*

"A nossa mente está ao rubro com a guerra dopamínica entre as notícias alarmistas e as *apps* que querem agarrar a nossa atenção. *Zen A Arte de Viver Simplesmente* vem pôr água na fervura."

— Neil Pasricha, autor de *The Book of Awesome* e *The Happiness Equation*, *bestsellers* do *New York Times*

"Adoro este livro. Estas pequenas práticas zen são uma fonte de serenidade para a nossa vida."

— Francine Jay, autora dos *bestsellers Menos é Mais* e *Lightly*

"Incentivador e sem rodeios, é uma companhia para todos os que procuram ampliar a paz inerente das suas mentes."

— Dzogchen Ponlop Rinpoche, autor de *Emotional Rescue* e *Rebel Budha*

"Este pequeno tesouro merece estar em todas as mesas de cabeceira."

— Allan Lokos, fundador e professor do Centro Comunitário de Meditação de Nova Iorque; autor de *Through The Flames*, *Patience* e *Pocket Peace*

Shunmyo Masuno

ZEN A ARTE DE VIVER SIMPLESMENTE

100 Práticas Diárias
para uma Vida Calma e Feliz

The Art of Simple Living
100 Daily Practices from a Japanese Zen Monk
for a Lifetime of Calm and Joy

Traduzido do inglês por
Raquel Dutra Lopes

Título
Zen A Arte de Viver Simplesmente

Título em Inglês
The Art of Simple Living

©Shunmyo Masuno, 2009
Tradução inglesa © Allison Markin Powell, 2019
Todos os direitos reservados.
Publicado por acordo com Penguin Books, Penguin Publishing Group,
Penguin Random House LLC.
Tradução portuguesa © Lua de Papel, 2019

1.ª edição / junho de 2019
7.ª edição / julho de 2021 (reimpressão)
ISBN: 978-989-23-4599-4
Depósito Legal n.º 456 785/19

[Uma chancela do grupo LeYa]
Rua Cidade de Córdova, n.º 2
2610-038 Alfragide
Tel.: (+351) 21 427 22 00
Fax: (+351) 21 427 22 01
luadepapel@leya.pt
www.luadepapel.leya.com
Blogue: obloguedepapel.blogspot.pt

 editoraLuadePapel

 @editoraluadepapel

CONTEÚDOS

SEGUNDA PARTE
30 formas de inspirar confiança e coragem de viver
Experimente ver as coisas por outra perspetiva.

TERCEIRA PARTE
20 formas de aliviar as preocupações e a confusão
Experimente mudar a forma como interage com os outros.

QUARTA PARTE
20 formas de tornar um dia o melhor dos dias
Experimente estar atento ao momento presente.

PREFÁCIO

**Mudanças subtis de hábitos e perspetiva, nada mais.
Tudo o que precisa para uma vida simples.**

Quando visita um templo ou um santuário de uma cidade antiga e olha para os jardins serenos.

Quando se esfalfa a escalar uma montanha e desfruta da vista abrangente lá de cima.

Quando está diante de um mar de um azul cristalino e se limita a contemplar o horizonte.

Alguma vez experimentou essa sensação de se sentir como novo, naqueles extraordinários momentos em que se afasta da azáfama da vida quotidiana?

O seu coração parece ficar mais leve e uma energia quente percorre-lhe o corpo. As preocupações e os stresses do dia a dia desaparecem por instantes, e pode sentir-se a si mesmo vivo naquele momento.

Hoje, a maioria das pessoas perdeu o norte — está preocupada e confusa acerca de como viver a sua própria vida. É por isso que, numa tentativa de restabelecerem o seu equilíbrio mental, as pessoas procuram o extraordinário.

Mas. Calma.

Mesmo que consiga restabelecer o equilíbrio, o extraordinário mantém-se exterior ao seu dia a dia.

E quando regressa à sua vida normal, o *stress* acumula-se e a mente desgasta-se. E, ao sentir-se sobrecarregado, mais uma vez volta a procurar o extraordinário. Será que este círculo vicioso não lhe soa familiar?

Por muito que lamente a complexidade da vida, mudar o mundo não é tarefa simples.

Se o mundo não vai mudar no sentido que deseja, talvez seja melhor mudar-se a si mesmo.

Assim, seja qual for o mundo com que se depare, poderá navegá-lo confortável e facilmente.

E se em vez de se afastar do seu caminho à procura do extraordinário, pudesse viver de forma mais despreocupada, alterando apenas subtilmente a sua vida habitual e quotidiana?

Este livro é justamente acerca disso: uma vida simples, ao estilo zen.

Mudar o estilo de vida não tem de ser difícil.

Mudanças ligeiras nos hábitos. Uma mudança subtil de perspetiva.

Não tem de ir às capitais japonesas antigas de Quioto ou Nara; não tem de escalar o Monte Fuji; e não precisa de viver perto do oceano. Com um esforço realmente mínimo, é possível saborear o extraordinário.

Neste livro, vou mostrar-lhe como pode fazê-lo, com a ajuda do zen.

Na essência o zen baseia-se em ensinamentos acerca do modo como os seres humanos podem viver no mundo.

Por outras palavras, o zen debruça-se sobre hábitos, ideias e pistas para levarmos uma vida feliz. É, se quiser, um tesouro de sabedoria existencial, profunda mas simples.

Os ensinamentos zen são representados por uma série de quatro expressões que na essência significam: "O despertar espiritual não está contido nos sutras e não pode ser experienciado por palavras ou letras; o zen aponta diretamente para a mente humana e permite-lhe compreender a sua verdadeira natureza e atingir o estado de Buda." Em vez de nos fixarmos na palavra escrita ou oral, devemos encontrar o nosso verdadeiro eu, como ele existe aqui e agora.

Tente não se deixar influenciar pelos valores de outros, nem se perturbar com questões menores e viva antes uma vida infinitamente simples, livre de tudo o que está a mais. Esse é o "estilo zen".

Quando adotar estes hábitos — que, prometo, são simples —, as suas preocupações vão desaparecer.

Quando desenvolver esta prática simples, a sua vida vai tornar-se muito mais descontraída.

É precisamente por o mundo ser tão complexo que o zen oferece estas pistas para a vida.

Hoje em dia, o zen desperta cada vez mais interesse, não só no Japão, mas também no estrangeiro.

Sirvo como sumo-sacerdote de um templo zen, e também trabalho como *designer* de jardins zen — não apenas para templos zen, mas também para hotéis, embaixadas e outros locais. Os jardins zen não são só para japoneses — transcendem religião e nacionalidade e também cativam o coração dos ocidentais.

Em vez de torcer o nariz à ideia de zen, tente simplesmente estar num desses jardins. Será capaz de renovar a sua mente e o seu espírito. O falatório e a agitação da sua mente vão subitamente dar lugar ao silêncio e à calma.

Acho que estar num jardim zen pode transmitir muito mais acerca de conceitos zen do que ler textos acerca da sua filosofia.

Foi por isso que optei por fazer deste um livro prático. Em vez de compreender o zen meramente a nível intelectual, espero que adote as práticas do livro como se fossem a sua própria prática.

Mantenha este livro a seu lado e, quando uma ansiedade ou uma preocupação começar a afligi-lo, recorra a estas páginas.

As respostas que procura encontram-se aqui.

Gassho
Shunmyo Masuno

30 FORMAS DE DAR MAIS ENERGIA AO SEU "SER PRESENTE"

Experimente uma mudança subtil nos seus hábitos.

1

ARRANJE TEMPO
PARA O VAZIO

Comece por se observar
a si mesmo.

Esteja consigo, tal como é,
mas sem pressas, sem impaciência.

No dia a dia, será que alguém tem tempo para não pensar em nada? Imagino que a maioria das pessoas responderá que não.

Vivemos pressionados pelo tempo, pelo trabalho e por tudo o mais na nossa vida. A vida moderna é mais frenética do que nunca.

Passamos os dias numa labuta para fazermos o que é preciso fazer. Se cairmos neste tipo de rotina, inevitavelmente, e sem termos consciência disso, perderemos a noção de nós mesmos e do que é a verdadeira felicidade.

Bastam dez minutos por dia. Arranje tempo para o vazio, para parar e não pensar em nada.

Tente simplesmente limpar a mente e não se deixar distrair pelas coisas que o rodeiam.

Os pensamentos virão, mas tente mandá-los embora, um a um. Se assim o fizer, começará a deter-se no momento presente e sentirá ligeiras mudanças na natureza que o mantém vivo. Quando não se deixa distrair por outras coisas, o seu "eu" puro e honesto pode revelar-se.

Dedicar algum tempo a não pensar em nada. Esse é o primeiro passo para uma vida simples.

2

ACORDE QUINZE MINUTOS MAIS CEDO

A receita para quando não há
espaço no coração.

Andar sempre a correr rouba-nos o coração.

Quando temos falta de tempo, essa carência sente-se também no coração. Respondemos automaticamente que estamos ocupados – que não temos tempo. Quando nos sentimos assim, a mente fica ainda mais agitada. Mas será que estamos mesmo assim tão ocupados? Não seremos nós os culpados das nossas pressas?

Em japonês, "ocupado" escreve-se com os símbolos "perder" e "coração".

Não é que andemos ocupados porque o tempo nunca chega. Andamos ocupados porque não temos espaço no coração.

Experimente acordar 15 minutos mais cedo do que o habitual, sobretudo quando as coisas andam caóticas. Alongue a coluna e faça respirações profundas a partir do ponto abaixo do seu umbigo – a que chamamos *tanden*. Quando a respiração estiver regular, a mente aquieta-se naturalmente.

Depois, enquanto desfruta de uma chávena de chá ou café, espreite o céu pela janela. Ouça o chilrear dos passarinhos.

Que engraçado – num instante, criou espaço na sua mente. Acordar 15 minutos mais cedo liberta-o das correrias.

3

DESFRUTE
DO AR
DA MANHÃ

O segredo dos monges para uma vida longa.

Não há um dia igual ao outro.

Diz-se que os monges budistas que praticam o zen têm vidas longas.

É claro que a alimentação e as técnicas de respiração contribuem para isso, mas eu acredito que um estilo de vida estável e disciplinado também tem influência, tanto em termos espirituais como em termos físicos.

Eu acordo todos os dias às cinco horas da manhã e a primeira coisa que faço é encher os pulmões com o ar matinal. À medida que percorro o átrio principal do templo, a receção, vou aos aposentos e abro as portadas das janelas, o meu corpo sente a mudança das estações.

Às 6h30, celebro a liturgia budista, entoando as escrituras, e depois tomo o pequeno-almoço. Segue-se o que estiver na ordem desse dia.

Todos os dias é a mesma rotina, mas todos os dias são diferentes. O perfume do ar matinal, o momento em que a luz da manhã chega, o toque da brisa no rosto, a cor do céu e das folhas nas árvores – tudo está sempre a mudar. A manhã é a altura em que se consegue apreciar essas mudanças.

É por isso que os monges fazem a meditação zazen antes da aurora, para sentirem fisicamente estas mudanças da natureza.

Com a primeira prática zazen do dia – *kyoten* zazen – (o zazen da manhã), nutrimos a mente e o corpo, inspirando o saudável ar da manhã.

4

ALINHE OS SAPATOS
QUANDO OS DESCALÇAR

A vida ficará mais harmoniosa.

A desordem da mente revela-se nos pés.

Diz-se que dá para saber muito sobre uma casa olhando para o átrio da entrada, sobretudo nas casas japonesas, porque temos o hábito de descalçar os sapatos ao entrar. O calçado está perfeitamente alinhado? Ou está tudo ao monte? Dá para perceber o estado mental de quem vive na casa só de olhar para esse pormenor.

No budismo zen, temos um ditado: "Vê bem onde pões os pés." Tem um sentido literal, mas também sugere que aqueles que não prestam atenção aos seus passos não podem conhecer-se a si mesmos, nem saber para onde vai a sua vida. Isto pode parecer um exagero, mas um detalhe tão banal pode ter uma enorme importância na nossa vida.

Quando chegar a casa, tire os sapatos e alinhe-os cuidadosamente junto à porta da entrada. Só isso. Não leva mais de três segundos.

No entanto, ao fomentar este hábito, tudo na vida ficará inexplicavelmente mais claro e arrumado. A sua vida ficará mais harmoniosa. É assim que funciona a natureza humana.

Primeiro, tenha atenção aos seus pés.

Alinhar os sapatos é mais um passo em direção ao objetivo pretendido.

5

LIBERTE-SE
DO QUE NÃO
PRECISA

A sua mente ficará mais leve.

Desapegue-se do que é velho
antes de pensar em coisas novas.

Quando as coisas não correm bem, temos tendência para pensar que é porque há algo que nos falta. Mas se queremos que a situação mude, primeiro temos de nos libertar de alguma coisa, antes de irmos à procura de coisas novas. Este é um princípio fundamental para uma vida simples.

Liberte-se do apego que tem às coisas. Liberte-se dos seus preconceitos. Reduza a quantidade de pertences. Viver de modo simples significa também desfazermo-nos de fardos físicos e mentais.

É incrível como nos podemos sentir como novos depois de chorarmos. Chorar liberta-nos dos pesos que carregamos no coração. Ganhamos energia para começar de novo. Sempre achei que o conceito budista da "mente iluminada" ("mente limpa" nos carateres japoneses) se refere a esta "renovação" do espírito.

O ato de descartarmos, de nos desapegarmos de fardos mentais e físicos, da bagagem que nos pesa, é extremamente difícil. Por vezes, é uma verdadeira dor, como quando nos separamos de alguém que nos é querido.

Mas se quer melhorar a sua vida, se quer viver com um coração mais leve, tem de começar por se libertar dos apegos. No momento em que se desapegar, a sua vida conhecerá uma nova abundância.

6

ARRUME A SECRETÁRIA

Pôr as coisas em ordem
purifica a mente.

A sua secretária é um espelho da sua mente interior.

No trabalho, observe as secretárias à sua volta. As pessoas que mantêm as secretárias arrumadas muito provavelmente são boas naquilo que fazem. Pelo contrário, aquelas cujas secretárias estão sempre atravancadas podem ser nervosas e ter dificuldade em concentrar-se no trabalho.

Quando as coisas estão desordenadas, arrume-as. Quando as coisas se sujam, limpe-as. Antes de dar o dia de trabalho por terminado, arrume a sua secretária. As pessoas que têm esse hábito sentem maior clareza. São capazes de se concentrar a cem por cento no trabalho, sem se distraírem com nada.

Nos templos zen, os monges fazem limpezas todas as manhãs e ao fim do dia. Limpamos com todo o coração, mas não por o templo estar sujo. O propósito não é apenas deixar o templo a brilhar, mas também polir as nossas mentes através do ato de limpar.

A cada passagem da vassoura, limpamos o pó da mente. A cada passagem do pano, o coração resplandece mais.

Isto aplica-se tanto à secretária no seu emprego quanto aos quartos em sua casa. Não se deixe bloquear por ansiedades ou problemas – a chave para uma mente revigorada é, em primeiro lugar, pôr em ordem o ambiente que nos rodeia.

7

PREPARE UMA DELICIOSA
CHÁVENA DE CAFÉ

**A felicidade está em vivermos
ao nosso ritmo.**

Quando eliminamos o esforço, eliminamos os prazeres da vida.

O que faz quando lhe apetece um café? Se estiver em casa, faz um café. Se estiver na rua, vai a um café. Duas opções perfeitamente naturais.

Mas imagine um cenário diferente.

Primeiro, vai até ao pinhal e apanha alguma lenha. Prepara uma fogueira e põe água a ferver. Enquanto mói os grãos de café, olha para o céu e diz *que lindo dia.*

O café preparado desta maneira provavelmente saberá muito melhor do que o saído de uma máquina. Talvez porque cada etapa dá vida ao café – apanhar a lenha, fazer a fogueira, moer os grãos. Todos os passos fazem parte do café. É a isso que chamo viver.

A vida requer tempo e esforço. Por isso, quando eliminamos o tempo e o esforço, eliminamos os prazeres da vida.

De vez em quando, experimente a via menos cómoda.

8

LEVE A CANETA AO PAPEL COM CUIDADO

O verdadeiro eu transparece na caligrafia.

Volte a atenção para dentro.

Os monges zen sempre se interessaram pela caligrafia e pela pintura.

O que representam para nós estas disciplinas, à luz da prática zen? O que nos interessa não é deixar uma obra duradoura, nem exibir as nossas capacidades, mas antes expressar-nos através de uma obra.

Por exemplo, a intensidade da caligrafia de Ikkyu, um célebre monge zen, é indescritível. O espírito que se expressa na sua obra emociona qualquer pessoa. De mesma forma, nas pinturas paisagísticas de Sesshu, as manchas de tinta esfumadas contêm a essência do seu espírito.

Pode dizer-se que a caligrafia e a pintura de cada um expressam o seu ser interior.

A prática da caligrafia e da pintura é uma forma de criarmos uma ligação com o nosso ser interior. Libertamo-nos de distrações e permitimos que o pincel simplesmente flua pelo papel.

Experimente escrever e desenhar com cuidado – não com a intenção de o mostrar aos outros, mas antes olhando com plena atenção para o seu ser interior.

O seu verdadeiro eu transparecerá em cada linha, em cada letra.

9

EXPERIMENTE FALAR COM UMA VOZ FORTE

É uma forma de se motivar.

Fale a partir do abdómen e desperte a mente.

Alguma vez viu um monge zen a entoar sutras? A voz dele ressoa no átrio do templo ao entoar alto e em bom som os sutras em oferenda. E quando são vários monges a cantar, a intensidade das vozes parece reverberar da própria terra.

Por que razão entoarão sutras com tal vigor?

Há um bom motivo.

Quando falamos alto, como é óbvio conseguimos ouvir a nossa voz com mais clareza. Mas, sobretudo, estamos a estimular e a ativar o cérebro. Nós, monges, levantamo-nos cedo e entoamos sutras como forma de despertar a nossa mente.

Para entoarmos alto e em bom som, temos de ter uma postura correta e respirar a partir do abdómen. Os cantores de ópera usam a mesma técnica, que é muito benéfica para o corpo. É natural portanto que os monges entoem os sutras tão alto.

Uma vez por dia, experimente falar com uma voz forte, nem que seja só dar os bons dias a alguém com entusiasmo. Talvez se surpreenda com o bem que sabe.

10

NÃO NEGLIGENCIE
AS REFEIÇÕES

Às refeições, não se distraia
com outras coisas.

Comer e beber de corpo e alma.

Quando come, está focado no ato de comer?

O pequeno-almoço é uma coisa que engole a despachar enquanto sai a correr porta fora. O almoço é com os colegas do emprego, e falam de trabalho. E o jantar é em frente ao televisor. O ato de comer é muito descurado, não é?

No budismo zen, temos um ditado: "Come e bebe de corpo e alma." Ou seja, quando bebemos uma chávena de chá, focamo-nos em beber o chá. Às refeições, concentramo-nos na refeição. Ao desfrutar de um prato, pense nas pessoas que o prepararam. Visualize os campos onde os legumes cresceram. Sinta gratidão pela abundância da natureza.

Toda a nossa comida passa pelas mãos de uma centena de pessoas antes de chegar até nós. Se tiver esta atitude às refeições, talvez ganhe consciência da sorte que tem.

Porque temos prazer nas coisas deliciosas?

Porque a vida em nós aprecia aquilo que foi cultivado pela vida de outros.

11

FAÇA PEQUENAS PAUSAS ENQUANTO COME

Saboreie o sentimento da gratidão.

A prática zen não é só meditar.

As refeições dos monges praticantes de zen baseiam-se na cozinha de Shojin e na cozinha vegetariana budista. O pequeno-almoço, chamado *shoshoku*, é composto por papas de arroz e picles. O almoço, chamado *tenshin*, é arroz e sopa, também com picles. E o jantar, *yakuseki*, é uma refeição simples, apesar de ser a principal refeição do dia, consistindo num prato de legumes e mais arroz e sopa. Só se pode repetir o arroz e nunca se come carne.

A forma correta de tomar refeições zen requer algo a que se chama "as Cinco Reflexões". Resumindo:

1. Temos em conta o esforço daqueles que nos trouxeram a comida e sentimo-nos gratos.
2. Refletimos sobre as nossas ações e servimo-nos em silêncio.
3. Saboreamos a comida, sem avidez, raiva ou alheamento.
4. Consideramos a comida um remédio que nutre o nosso corpo saudável e sustenta o espírito.
5. Agradecemos a comida que recebemos como fazendo parte do caminho harmonioso para o crescimento espiritual.

Refletimos nestas cinco alíneas a cada refeição, expressando gratidão pelos alimentos, e fazemos pequenas pausas, pousando os pauzinhos. O propósito desta pausa é saborear a gratidão.

As refeições não servem apenas para saciar a fome. São um momento importante para praticarmos o zen.

12

DESCUBRA OS BENEFÍCIOS DE UMA ALIMENTAÇÃO À BASE DE VEGETAIS

Um "jejum" vegetariano é uma "purga rápida" para a mente e para o corpo.

Inspirado na postura de um sumo-sacerdote.

Os monges virtuosos têm uma aparência bela.

Não estou a falar de um rosto atraente nem da roupa que vestem; falo de uma beleza revigorante que parece refulgir da pele e do corpo. Sentados ou de pé, têm uma postura bela. A sua aparência foi polida pela rotina diária e consciente de acordar cedo para a prática do zen.

Há uma ligação direta entre mente e corpo. Quando aguçamos a mente, a nossa vitalidade revela-se naturalmente também no corpo.

Os alimentos não servem apenas o corpo. Também são importantes para a mente. Os alimentos são o que cria o corpo e a mente.

Quando adotamos uma alimentação à base de vegetais, a nossa mente torna-se mais calma, não se irrita com insignificâncias. E isso revela-se na pele.

Comer apenas carne inspira um espírito combativo. Quase sem darmos conta, a pele começa a perder a cor.

Compreendo que eliminar por completo o peixe e a carne da sua alimentação possa ser uma medida muito radical.

A minha recomendação: uma vez por semana, coma só vegetais.

13

PROCURE PALAVRAS
QUE O INSPIREM

—————

Tempo para estar com a sua mente.

**Por exemplo: "Todas as coisas vêm do nada",
– uma expressão zen que nos liberta de apegos.**

Antigamente, todas as casas japonesas tinham uma alcova –
um *tokonoma*.

Pendurava-se um pergaminho no *tokonoma* e as pessoas
refletiam no que ele dizia. Fosse uma pintura ou fosse um
princípio orientador numa caligrafia cuidada, o *tokonoma*
mostrava o espírito e o estilo de vida de quem ali morava.

Porque não decorar também a sua casa com uma caligrafia? Pode ser uma frase inspiradora, uma citação de alguém
que admire ou algo que incite à reflexão. Não precisa de uma
alcova – a sala de estar serve perfeitamente. E também não
faz mal se não for impecavelmente executada. Olhar para ela
proporcionar-lhe-á o tempo e o espaço para uma contemplação serena.

Se não sabe que palavras escolher, posso sugerir o seguinte:
"O nada tem um potencial infinito."

Quer dizer que os seres humanos nascem sem nada. Contudo, em cada um de nós, existe um potencial infinito.

Por essa razão, não há nada a temer, não temos de nos
inquietar com nada. Esta é a verdade.

14

REDUZA OS SEUS BENS AO ESSENCIAL

Adquira só o que precisa.

Aproveitar as coisas ao máximo.

Nos templos de Quioto, o jardim de pedras de Ryoanji e o parque de Daisenji são modelos de jardins zen. Ambos são aquilo a que se chama jardins paisagísticos, pois evocam lindas paisagens sem conterem lagos, riachos ou quaisquer outros elementos de água.

Mesmo sem a presença da água, conseguimos pressentir o riacho de uma montanha. Imaginamos uma cena com um elemento de água e deixamos a mente deter-se aí.

Esses jardins são verdadeiras representações da mente liberta. Não é necessário haver água para transmitir a ideia da água a fluir.

Crie um jardim com o que tiver à mão, sem recorrer a nada que seja supérfluo. Mesmo que tenha só um objeto, com imaginação e engenho pode usá-lo de várias formas.

Ao fazer compras no seu dia a dia, antes de comprar algo novo, pense nas coisas que já tem em casa e veja bem se precisa realmente disso.

Poder comprar muitas coisas não é sinónimo de liberdade. O importante é uma mente livre para saber usar as coisas.

15

ORGANIZE O SEU QUARTO COM SIMPLICIDADE

A mente tornar-se-á mais simples.

A diferença entre simplicidade e frugalidade.

A relação entre mente e corpo é como a história da galinha e do ovo.

Se cultivar uma mente simples, também o seu corpo será naturalmente leve. Se cuidar da alimentação e fortalecer o corpo, a sua mente tornar-se-á saudável e forte.

O mesmo se aplica à relação entre mente e espaço. Se deseja simplificar o seu "eu" interior, o seu quarto deve ser sóbrio.

Um estilo de vida simples é belo. Esse é o espírito do zen.

A simplicidade é despojarmo-nos do que não é útil. Veja se o que tem é mesmo necessário e, se o for, preserve-o bem. Isto é diferente da frugalidade. A frugalidade consiste em subsistir com coisas de pouco valor. Quando digo valor, não me refiro apenas ao preço – mas também aos sentimentos que nutrimos por essas coisas.

Viver de forma simples significa, por exemplo, que a caneca que usa todos os dias para beber o café é uma caneca de que gosta – uma caneca que acarinha e que quer usar por muito tempo. Adquira apenas coisas boas e realmente necessárias. Um estilo de vida simples é uma prática fundamental para polir a mente.

16

EXPERIMENTE ANDAR DESCALÇO

Como evitar as doenças.

Porque andam os monges descalços?

Nós, monges, andamos descalços 365 dias por ano. E as roupas que usamos são de um tecido muito simples. Mesmo em pleno inverno, vestimo-nos da mesma maneira.

Para um noviço, a princípio é difícil. Contudo, com o hábito, torna-se revigorante. Este estilo de vida fortalece o corpo, por isso os monges raramente se constipam.

Embora, com a idade que tenho, possa usar meias no inverno, ter os pés quentes não se compara com o prazer de andar descalço.

É por isso que, quando saio, uso sandálias de enfiar no dedo. Fazem muito bem à saúde.

Acredita-se que a área entre o dedo grande do pé e o segundo dedo é onde se concentram vários pontos de pressão relacionados com os órgãos internos e com o cérebro. Quando usamos sandálias de enfiar no dedo, as tiras estimulam estes pontos, e é como uma massagem.

Ande descalço em casa e use sandálias de enfiar no dedo quando for para a rua.

Comece a experimentar isto nos dias em que está de folga.

17

EXPIRE
PROFUNDAMENTE

Eliminar as emoções negativas.

Respire melhor, a sua mente vai gostar.

Na palavra japonesa *kokyu* que significa respirar, o caráter que representa expirar surge antes do caráter para inspirar. Ou seja, o ato de exalar aparece antes do ato de inalar.

Concentre-se no ponto abaixo do umbigo – no seu *tanden* – e expire devagar e com leveza. Quando o ar tiver saído por completo, a inspiração seguir-se-á naturalmente. Respire de forma descontraída e fluida.

À medida que a respiração encontra o seu ritmo próprio, sentimo-nos mais calmos. Começamos a sentir o corpo mais enraizado e ligado à terra. Por outras palavras, libertamo-nos da agitação.

Quando a respiração vem do peito, sentimo-nos à deriva. Sentimos impaciência, e a nossa respiração acelera ainda mais. Entramos numa espiral de impaciência e irritação.

Sempre que sentir emoções negativas a crescer dentro de si, como a raiva ou a ansiedade, é o momento perfeito para se concentrar na respiração no abdómen.

Vai sentir-se mais descontraído e com a mente revigorada.

18

SENTAR-SE
EM ZAZEN

O efeito de nos sentarmos
e pensarmos.

Os seres humanos não são capazes de reflexão profunda em movimento.

Na prática zen, o zazen é importantíssimo. Não podemos falar do zen sem falarmos de zazen. Começamos com zazen e terminamos com zazen. Essa é a prática do zen.

O termo zen deriva da palavra sânscrita *dhyana,* que significa "contemplação serena".

O ato de pensar deriva do conceito de se estar sentado em silêncio.

Nós, seres humanos, não somos capazes de pensar quando estamos em movimento. Só temos uma mente. Quando a mente se concentra no movimento, tem dificuldade em embrenhar-se no pensamento profundo.

Mesmo que tentemos pensar enquanto caminhamos, será sempre acerca de qualquer coisa prática, como assuntos de trabalho ou o que fazer para o jantar.

A contemplação profunda acerca da verdade absoluta ou do sentido da vida não é algo que se possa alcançar em movimento.

Para o zazen, primeiro sentamo-nos na postura correta, depois concentramo-nos na respiração e, por fim, acalmamos a mente. Depois de termos feito estas três coisas, começamos a praticar zazen.

Experimente sentar-se em meditação zazen: Esvazie a mente e deixe os pensamentos irem e virem, sem deixarem rasto.

19

EXPERIMENTE UMA PRÁTICA DE PÉ

Um método zen para usar nos transportes.

Uma forma simples de se motivar.

Para quem trabalha fora de casa, ir para o trabalho pode ser um *stress*. Mas gosto de pensar que passar algum tempo nos transportes pode ser positivo.

Imagine que morava no mesmo sítio onde trabalhava. Talvez ache uma boa ideia, já que não teria de perder tempo nos transportes. No entanto, não podemos andar sempre em primeira, temos de alternar as mudanças ao longo do dia, e viver e trabalhar no mesmo edifício pode dificultar isto.

De manhã, quando se prepara para sair para o trabalho, tem a sua cara de pai ou mãe. Depois vai apanhar o metro para o trabalho. O percurso é feito de apertos e empurrões e, quando chega ao escritório, põe a sua cara de gerente. Está pronto para um novo dia de trabalho.

O tempo passado nos transportes pode ser uma espécie de ponte entre a vida doméstica e a vida profissional, que nos permite entrar num modo completamente diferente.

Se quer sentir-se mais motivado, incentivo-o a experimentar uma "prática de pé". Pode praticar agarrado à pega da carruagem, por exemplo. Concentre-se no ponto abaixo do umbigo – o seu *tanden* – e pratique zazen. É simples.

Seja a caminho do trabalho ou nos seus momentos livres, esta prática espiritual pode ajudar bastante.

20

NÃO PERCA TEMPO A PREOCUPAR-SE COM COISAS QUE NÃO PODE CONTROLAR

O que significa tornarmo-nos espiritualmente mais leves?

O momento em que subitamente
nos esquecemos até de nós.

Quando nos sentamos em meditação zazen, não devemos pensar em nada – é isso que nos dizem, embora seja muito difícil.

Em princípio, quando praticamos zazen, não fechamos os olhos. Como vemos o que acontece à nossa volta, acabamos por pensar sempre em qualquer coisa, por mais que tentemos não o fazer. *Oh, o sumo-sacerdote vem aí. Devia endireitar-me... Ah, estou a ficar com as pernas dormentes...* E muitas outras coisas que nos passam pela cabeça. É perfeitamente normal. Seja como for, quando dizemos a nós próprios *não penses* já estamos a pensar.

Porém, ao fim de algum tempo de prática, começamos a ter momentos – por mais breves que sejam – em que a mente fica vazia. Apercebemo-nos de que não estamos a pensar em nada. Até nos esquecemos da noção de "eu". É destes momentos que estou a falar.

A mente torna-se transparente. As coisas que sobrecarregam os nossos pensamentos desaparecem. Temos a sensação súbita de entrar num mundo cristalino. É a isto que me refiro quando digo que nos tornamos espiritualmente mais leves.

21

APRENDA A ALTERNAR ENTRE MODOS

Crie portões na sua mente.

Há coisas que são "necessidades não essenciais".

O acesso a um templo zen ou a um santuário xintoísta tem vários portões – grandes arcadas vermelhas a que chamamos *torii*.

Antes de chegarmos ao átrio principal de um templo zen, passamos por três portões – o principal, o central e o triplo –, que representam o nosso percurso até à iluminação espiritual. Os templos xintoístas também têm três *torii*.

Afinal porque é que se construem estas estruturas acessórias? Bem, creio que podemos chamar-lhes "necessidades não essenciais".

Referimo-nos aos portões e aos *torii* como "barreiras espirituais". Por outras palavras, eles fazem a ligação entre dois mundos separados.

Cada um desses portões lembra-nos de que nos aproximamos de um mundo puro – daquilo que, no budismo, consideramos ser "terreno sagrado".

É por isso que os templos budistas têm esses três portões. Ao criarem uma fronteira entre mundos, ajudam-nos a ter consciência da distância que há entre cada um. E, à medida que passamos por cada um desses portões, temos a sensação de estar a penetrar em terreno sagrado.

O tempo que leva a chegar ao trabalho também pode ser considerado uma "necessidade não essencial". Dá-lhe tempo para passar do "modo pessoal" para o "modo profissional". Pode parecer inútil, mas talvez seja indispensável.

22

RESPIRE DEVAGAR

Cinco minutos de zazen
sentado à secretária.

Para acalmar a mente, primeiro ajuste a postura e a respiração.

Quando se senta à secretária, a sua postura torna-se inevitavelmente curvada ou encolhida. Como é uma posição antinatural, afeta a concentração e à mínima coisa fica irritado ou saturado.

Por isso, tenho uma prática espiritual para si. Dedique cinco minutos da sua hora de almoço a fazer zazen sentado à secretária.

A base do zazen é harmonizar a postura, a respiração e a mente.

Em primeiro lugar, ajuste a postura, alinhando a cabeça e o osso sacro. Se se observasse de lado, veria a coluna a fazer um S e conseguiria visualizar uma linha reta da cabeça ao osso sacro.

A seguir, preste atenção à respiração. Com o *stress* do trabalho, é provável que faça sete ou oito respirações por minuto. Concentrando-se na respiração, consegue diminuir naturalmente esse ritmo para três ou quatro respirações por minuto e a sua mente acalma-se naturalmente.

Esta prática retempera a mente e o coração. Bastam cinco minutos de zazen sentado à secretária, à hora de almoço.

23

UNA AS MÃOS

––––––––

**Uma forma de acalmar
uma mente irritável.**

O significado de *gassho*: A mão esquerda somos nós; a mão direita são os outros.

Há alturas em que unimos as mãos e, em silêncio, rezamos por alguém ou refletimos sobre algo. Recomendo que arranje tempo para fazer isto, não só quando visita uma campa ou um local religioso, mas também na sua vida quotidiana.

O que é *gassho*? A mão direita representa os outros. Pode ser o Buda, Deus ou qualquer pessoa à nossa volta. A mão esquerda somos nós. *Gassho* representa unir as duas para que se tornem uma só. É um sentimento de respeito pelos outros – uma oferenda de humildade.

Ao unirmos as mãos, alimentamos o sentimento da gratidão. Não sobra espaço para o conflito. Não podemos atacar ninguém com as mãos unidas, pois não? Um pedido de desculpas feito com as mãos unidas apazigua a raiva ou a irritação. É este o significado de *gassho*.

É uma boa ideia criar um espaço na sua casa onde possa unir as mãos. Não tem de ser um altar, nem um santuário – pode ser somente um pilar ou um canto onde possa pendurar um amuleto ou um talismã – um lugar a que possa recorrer e, em silêncio, unir as mãos. Por incrível que pareça, esta pequena prática pode acalmar o seu espírito.

24

ARRANJE TEMPO
PARA ESTAR SOZINHO

O primeiro passo para viver
simplesmente, ao estilo zen.

Os benefícios do "recolhimento na cidade".

Ser um "habitante das montanhas" é o estilo de vida idealizado pelos japoneses. É considerado o mais belo e, por vezes, referem-se a ele como uma vida sequestrada do mundo. Os famosos monges Saigyo e Ryokan levaram vidas eremíticas assim.

Ler a ouvir o canto dos pássaros e a água de um riacho a correr. Desfrutar de um saquê enquanto se contempla o reflexo da Lua no copo. Comungar com a vida selvagem. Ser capaz de viver com uma mente livre, de aceitar as coisas tal como elas são. Este é o ideal de vida.

Como descreveu o monge-poeta Kamo no Chomei na sua obra *Hojoki*, do século XIII, ser habitante das montanhas é viver em recolhimento, sozinho nas montanhas. Os monges budistas zen consideram que é o ambiente ideal para o desenvolvimento espiritual.

Mas, na realidade, não é nada fácil. No entanto, continuamos a ansiar pelo espírito do recolhimento.

Adaptando o conceito da vida nas montanhas à vida moderna, em plena azáfama da cidade, Sen no Rikyu, monge e famoso mestre da cerimónia do chá, cunhou a expressão "recolhimento na cidade". Foi ele que criou o modelo de construir as casas de chá em locais retirados.

Experimente pôr em prática o conceito de "recolhimento na cidade". Um local onde possa desligar-se dos outros e estar sozinho. Um lugar na natureza onde possa voltar a sentir liberdade mental. Uns momentos de recolhimento podem iluminar o seu caminho.

25

CONTACTE COM A NATUREZA

Descubra a felicidade que está mesmo à mão.

Crie um jardim miniatura na sua mente.

Uma vez, para um programa de televisão, dei uma aula a um grupo de crianças do primeiro ciclo. Sugeri-lhes que criássemos jardins em miniatura.

Primeiro, comecei por lhes dizer que procurassem o seu sítio preferido na escola e quando lá chegassem se esforçassem ao máximo por esvaziar a mente. Depois, pedi a cada um que representasse as suas experiências com a natureza num jardim em miniatura.

Numa caixa de cerca de 40 por 60 centímetros, podiam dispor – como quisessem – terra, seixos, ramos de árvores e folhas. Eu trabalho como *designer* de jardins e digo-vos que os jardins criados pelas crianças eram admiráveis.

Uma criança conseguiu transmitir a sensação de água a fluir para um lago; outra pôs uns ramos na diagonal para representar o vento; e outra ainda fez tudo para criar sombra... Estas crianças, que tinham os dias completamente preenchidos com atividades escolares e extracurriculares e outras ainda, estavam completamente concentradas a criar os seus jardins em miniatura. Passaram um momento espetacular envolvidas com a natureza.

Procure esse contacto com a natureza. Se reparar numa pedra caída no chão, apanhe-a e segure-a. Quando vir flores a desabrochar à beira da estrada, pare e cheire a sua fragrância.

Depois, na sua mente, crie um jardim em miniatura só seu. Vai reláxa-lo.

26

CRIE UM PEQUENO JARDIM NA VARANDA

Um cantinho para praticar *mindfulness*.

Pode limpar a mente, esteja onde estiver.

Nós, monges, dizemos: à sombra de uma árvore, sentados numa rocha. Sentamo-nos sozinhos, numa rocha ou à sombra de uma árvore, e tranquilamente praticamos zazen. Ficamos em comunhão com a natureza. Não ligamos aos pensamentos que nos passam pela cabeça e sentamo-nos zazen com uma mente em branco. Este é o ambiente ideal para praticar zazen.

Pode ser difícil, mesmo para os monges budistas, encontrar um tal cenário. É por isso que os templos zen têm jardins à volta.

Podemos ver montanhas distantes e, na nossa mente, ouvir a água de um rio a correr. Uma paisagem vasta como esta pode ser reproduzida em todo o seu esplendor num pequeno jardim. A arte dos jardins zen capta bem toda a sabedoria dos monges budistas.

Tente criar um jardim assim em sua casa. Se não tiver quintal, a varanda serve perfeitamente. E se não tiver uma varanda, basta o parapeito de uma janela. Só precisa de um pequeno espaço, e nesse espaço tente representar a paisagem da sua mente. Um lugar para onde a sua mente possa escapar. Um sítio onde possa olhar para o seu "eu" essencial.

Talvez venha a tornar-se o seu lugar preferido.

27

PROCURE O PÔR DO SOL

**Agradeça por mais um dia
que chega ao fim.**

Descubra os seus "degraus do pôr do sol".

Num bairro da baixa de Tóquio, chamado Yanaka, há um lugar conhecido como os "degraus do pôr do sol". Esses degraus, em si mesmos, não têm nada de especial; mas, se nos sentarmos neles e olharmos para o céu à hora certa, podemos ver um lindo pôr do sol.

Não sei de onde veio o nome "degraus do pôr do sol", mas a dada altura, toda a gente começou a chamar-lhes isso. Agora muitas pessoas vão lá para assistir ao pôr do sol.

Imagino que haja no mundo muitos lugares como este. No Japão, em zonas rurais, nos caminhos entre os arrozais, aposto que dá para ver lindos pores do sol. E, na cidade, pode-se subir a um terraço, onde o sol poente se impõe, gigante.

Mas não é preciso ir a Yanaka. É fácil encontrar sítios que podem fazer as vezes dos degraus do pôr do sol.

O importante é conseguir sentar-se a ver o pôr do sol. Quando a noite cair, pare por instantes para olhar para o céu. Sinta-se grato pelo dia que chega ao fim. Esse momento vai aquecer-lhe a alma.

28

NÃO ADIE
O QUE PODE FAZER HOJE

———

**Ninguém se pode arrepender
do futuro.**

Aprenda com os últimos desejos de um monge.

No Japão, no final do período Edo [1603-1868], havia um monge famoso, um sumo-sacerdote chamado Sengai, que vivia em Hakata, na ilha ocidental de Kyushu.

Quando estava prestes a morrer, os seus discípulos reuniram-se à sua volta para escutarem os últimos desejos do mestre. *Não irei com a morte*, declarou ele, querendo dizer que não queria morrer. Isto, claro está, não se coadunava com o que seria de esperar dos últimos desejos de um mestre zen. Os discípulos aproximaram-se ainda mais do leito dele e tornaram a perguntar-lhe quais seriam as suas últimas palavras.

E ele insistiu: *Não irei com a morte.*

Até para aquele célebre sacerdote, tonsurado aos 11 anos, que a partir de então se dedicara ao crescimento espiritual zen (já lá iam 88 anos), e que se considerava ter alcançado a iluminação, continuava a haver uma amarra a prendê-lo ao mundo.

Cem por cento das pessoas vão morrer um dia – é esse o nosso destino enquanto seres humanos. Sabemos disso, contudo, perante a morte, agarramo-nos à vida. Quando encontrar o meu próprio fim, esforçar-me-ei por ter o mínimo possível de apegos. Gostaria de partir deste mundo pensando que tive uma boa vida.

Espero incorporar o conceito zen de que a forma como vivemos deve complementar a nossa compreensão da vida e de que devemos esforçar-nos por alcançar as coisas de que somos capazes.

29

NÃO PENSE EM COISAS DESAGRADÁVEIS IMEDIATAMENTE ANTES DE SE DEITAR

Cinco minutos de "zazen na cama" antes de adormecer.

Altura para reordenar a mente.

Todos temos noites em que não conseguimos dormir, em que somos perturbados por pensamentos desagradáveis, atormentados por ansiedades ou incapazes de serenar as preocupações.

Essa é a altura perfeita para praticar zazen.

A prática serena de zazen liberta no cérebro o neurotransmissor serotonina, que funciona como estabilizador de humor e que tem demonstrado ser eficaz no combate à depressão. O zazen pode proporcionar o efeito terapêutico de estimular a produção de serotonina no cérebro sem que seja necessário tomar medicamentos.

Depois de o cérebro relaxar, os vasos sanguíneos também começam a relaxar, melhorando a circulação sanguínea, gerando um calor pelo corpo.

Depois de dissipar a névoa mental e de ter o corpo aconchegado, irá sentir-se naturalmente ensonado.

Quando for para a cama, liberte-se de tudo o que se passou desde que acordou e sinta-se grato por esse dia que passou.

Quando acordar na manhã seguinte, sentir-se-á renovado. Não subestime os efeitos de cinco minutos de zazen antes de dormir.

30

ESFORCE-SE POR FAZER O QUE É PRECISO FAZER

Terá bons resultados.

Não vá atrás das nuvens - nunca as apanhará.

Vou contar-lhe uma história sobre nuvens a fugirem.

Imagine que está a trabalhar no campo num dia quente de verão. Sem nuvens que o protejam do sol ardente, tem de suportar o calor. Mas então olha para o céu e vê ao longe uma mancha branca.

Ah, aposto que deve estar mais fresco à sombra daquela nuvem. Espero que chegue aqui depressa. E pondera fazer uma pausa até a nuvem chegar.

Mas a verdade é que a nuvem pode nunca chegar para o proteger do sol e o dia pode acabar enquanto espera pela sombra.

Em vez de esperar que a nuvem se aproxime, esforce-se por fazer logo o que é preciso fazer. Se trabalhar com dedicação, talvez se esqueça do calor. Talvez a nuvem chegue de repente, já sem estar à espera, trazendo consigo uma frescura.

Aquilo de que falo aqui aplica-se não só às nuvens, mas também ao destino ou à sorte. De nada serve invejar outrem que tenha sido abençoado com alguma sorte, nem lamentar a falta de oportunidades. Simplesmente dê o seu melhor para fazer o que tem a fazer. E a sorte decerto virá ao seu encontro.

SEGUNDA PARTE

30 FORMAS DE INSPIRAR CONFIANÇA E CORAGEM DE VIVER

Experimente ver as coisas
por outra perspetiva.

31

DESCUBRA
O OUTRO "EU"

———————

Encontre o seu protagonista interior.

O seu protagonista tem um potencial ilimitado.

Para vivermos mais livremente, ou com mais serenidade, o budismo zen ensina a importância de não nos rotularmos como este-ou-aquele tipo de pessoa.

Deixe-me dar-lhe um exemplo.

Há um outro "eu" dentro de si. Essa versão é mais livre do que o "eu" que você julga conhecer e tem um enorme potencial. É o seu "eu" essencial. O seu verdadeiro protagonista vive dentro de si.

No zen, a palavra para protagonista também quer dizer "mestre". Há a famosa história de um monge zen que se dirigia a si mesmo dizendo: *Olá, Mestre!* E o seu "eu" respondia: *Sim?* Então, ele perguntava: *Estás desperto?* E o seu "eu" respondia: *Sim!* E assim continuava com as perguntas, levando aquilo a sério.

Cada um de nós desempenha vários papéis na sociedade. Podemos ser empregados de escritório, pais, ou cozinheiros. Estes são, sem dúvida, os nossos vários "eus". Mas cada um de nós tem outro "eu", o verdadeiro protagonista que vive dentro de nós.

Dê o seu melhor para despertar esse outro "eu".

32

NÃO SE AFLIJA
COM COISAS QUE AINDA
NÃO ACONTECERAM

———

A ansiedade é intangível.

Ansiedade: Onde está ela ao certo?

Diz-se que o budismo zen surgiu com um monge chamado Bodhidharma, que transmitiu os seus ensinamentos a um discípulo chamado Huike.

Certa vez, Huike partilhou os seus problemas com Bodhidharma: *A minha mente está sempre ansiosa. Por favor, ajuda-me a serená-la.*

Bodhidharma respondeu: *Vou acalmar essas tuas ansiedades. Mas, antes, será que podes trazer-mas? Se conseguires pô-las diante de mim e dizer aqui tens as ansiedades que me pesam, decerto serei capaz de as serenar.*

Ao ouvir isto, Huike apercebeu-se de algo pela primeira vez. A ansiedade era uma coisa na sua mente. Na realidade, era intangível.

Os seus medos eram intangíveis, mas ele apegava-se a eles. Reconheceu então que isso não servia para nada.

Não há necessidade de nos afligirmos com coisas que ainda não aconteceram. Pense apenas no que está a acontecer no momento presente.

Quase todas as ansiedades são intangíveis. São uma invenção da própria mente.

33

TENHA PRAZER
NO SEU TRABALHO

O trabalho é o que traz à tona
o protagonista interior.

A alegria está dentro de si.

Diz-se que um sacerdote zen de Rinzai ensinava o seguinte aos seus discípulos: Sê o mestre onde quer que vás. Assim, estejas onde estiveres, as coisas serão realmente como são.

Independentemente das circunstâncias ou da situação, faça sempre o possível para trazer à tona o seu verdadeiro "eu" – o seu protagonista interior – para lidar com o que lhe surgir pela frente.

Se encararmos tudo desta maneira, seremos capazes de encontrar a verdade. E nela descobriremos a felicidade. É esse o sentido deste ensinamento.

Quando temos algo difícil para fazer, muitas vezes queixamo-nos. Comentamos que podia ser outra pessoa qualquer a fazer aquilo ou que só nos dão coisas difíceis para fazer. Mas com essa atitude, é muito difícil sentir alegria no trabalho.

As pessoas que tentam desfrutar do que se encontra diante delas têm mais probabilidades de descobrir a paz interior. Muitas vezes, aquilo de que estão a desfrutar – o que se encontra diante delas – tem o potencial de se transformar numa oportunidade.

O local onde está neste momento, o papel que desempenha, as pessoas que encontra hoje, a mais pequenina coisa... nunca se sabe o que nos trarão de novo. Deixe de menosprezar o que faz e comece a viver.

34

ENTREGUE-SE
AO MOMENTO

O poder da mente sem amarras.

Esvazie a mente e não a deixe instalar-se em lugar algum, nem vaguear.

Munen muso é uma expressão da prática zen que descreve um estado liberto de desejos mundanos e de ideias. Outra forma de o dizer é simplesmente *mushin* ou "mente clara". Esvaziamos a mente e não a deixamos instalar-se em lugar algum, nem vaguear.

Isto permite concentrarmo-nos no que precisa de ser feito, sem nos preocuparmos com as outras coisas da vida. É um ensinamento que demonstra o poder incrível que temos, se alcançarmos uma mente clara.

Um mestre zen chamado Takuan, do período Edo [1603--1868], explicava o segredo da esgrima japonesa – *kendo* – da seguinte forma: "Quando enfrentamos outro espadachim, se nos parece que há uma oportunidade de atingir o ombro do adversário, a nossa mente fica a pensar no ombro dele. Se julgamos que existe uma oportunidade de lhe atingir o braço, a nossa mente concentra-se no seu braço. Se achamos que podemos vencê-lo, a nossa mente fica preocupada com isso. Não deixe que a mente vagueie ou se instale em nenhum desses lugares. Mesmo quando focamos a nossa energia num único ponto, temos de deixar a mente livre e aberta. É esse o segredo da espada."

Mesmo quando pensamos que estamos concentrados no trabalho, muitas vezes só pensamos no tempo que falta para uma pausa ou em como o que estamos a fazer é chato. E quando estamos de folga, muitas vezes pensamos no trabalho.

Tente simplesmente entregar-se ao que tem diante de si. Talvez descubra que pode ser surpreendentemente poderoso.

35

NÃO SE SINTA DESMOTIVADO PELAS TAREFAS QUE TEM PELA FRENTE

———

Uma forma de tornar o trabalho
muito mais agradável.

"Um dia sem trabalhar é um dia sem comer."

Na prática zen, acreditamos na importância de não pensar no trabalho como obrigação e, por esta razão, chamamos-lhe *samu*.

Quando o budismo surgiu, na Índia, os monges não se dedicavam a nenhuma atividade produtiva – viviam apenas das esmolas que recebiam. Essas oferendas de comida ou dinheiro tornaram-se conhecidas como *samu*.

No entanto, quando o budismo se disseminou na China, os templos começaram a ser construídos nas profundezas dos territórios montanhosos. Os monges não podiam descer das montanhas para pedir esmola e garantir assim a subsistência, pelo que começaram a cultivar a terra e a semear – e isso tornou-se uma forma de prática. O trabalho (*samu*) tornou-se o mais importante: se não se trabalhasse, não se podia comer. Foi assim que herdámos a expressão do mestre zen Baizhang Huaihai: "Um dia sem trabalhar é um dia sem comer."

Quando trabalhamos no nosso dia a dia, tendemos a ocupar-nos das tarefas diante de nós e dos respetivos ganhos. Mas eu creio que a essência do trabalho se encontra na forma de pensar de Baizhang.

Nesse sentido, tente ver o seu trabalho como *samu* ou trabalho com atenção plena. Encare-o como algo que o vai nutrir e educar.

Só pensando assim se consegue viver o verdadeiro prazer do trabalho.

36

NÃO CULPE OS OUTROS

**Uma forma de pensar
que trará oportunidades
e venturas.**

Pense no trabalho que faz como uma oportunidade.

No escritório, há pessoas que produzem resultados e pessoas que parecem nunca ser eficientes. Como explicar isto?

Os seres humanos, em geral, são dotados das mesmas capacidades.

Portanto, se há alguma coisa que nos faz ter resultados diferentes talvez seja a atitude com que enfrentamos as tarefas que temos pela frente.

Independentemente do que estiver a fazer, sinta-se grato por ter essa oportunidade. Sinta-se feliz pela possibilidade de fazer esse trabalho. Não quero parecer um sonhador – só estou a repetir o que muitos grandes homens e mulheres já disseram.

Se achar que uma tarefa lhe é impingida, verá o trabalho como um fardo, o que suscitará sentimentos negativos. Acontece o mesmo na prática do zen. O momento em que damos por nós a perguntar porque temos de tratar do jardim todas as manhãs é o momento em que a prática perde o sentido.

Tudo o que os seres humanos fazem é precioso. Se quisermos descobrir algum sentido naquilo que fazemos, primeiro temos de ser os protagonistas do nosso trabalho. Somos nós que temos o papel principal no nosso trabalho. Se encarar o trabalho com esta atitude, verá que o trabalho ganha sentido e se torna valioso.

37

NÃO SE COMPARE
COM OUTROS

Quando sente que está no trabalho errado.

Em tudo, o difícil é não desistir.

O trabalho que faço é a minha verdadeira vocação. Felizes os que podem dizer isto.

Porém, a maior parte das pessoas tende mais a perguntar-se se estará no trabalho certo; se não haverá outro que tenha mais a ver com elas.

É verdade que cada pessoa tem as suas aptidões. Mas a perseverança tem muito que se lhe diga.

Os monges zen levantam-se cedo, varrem e purificam o jardim, fazem serviços religiosos... Repetem as mesmas coisas todos os dias, e a lição está na própria repetição.

Começar uma coisa é fácil, basta ter energia para a fazer. Acabar também é fácil. O difícil é continuar a fazê-la. Se dia após dia pensa que o trabalho que faz não é para si, então como há de vir a ser?

Temos tendência para nos compararmos com os outros. Invejamos o trabalho do vizinho que é menos árduo. Vemos alguém talentoso e ficamos deprimidos. Mas, em última instância, há um prazer a descobrir na repetição do trabalho que se adequa a nós.

38

NÃO PROCURE
O QUE LHE FALTA

———

Contente-se com o aqui e o agora.

A forma mais rápida de alcançar resultados.

Diz-se que "o verão ateia e o inverno encapela", o que se refere a coisas intempestivas e vãs. Mas decerto virá uma altura em que algo que não era útil passa a ter utilidade. Falo da importância de esperar pacientemente pelo momento certo.

Embora todos possam ser considerados trabalho, alguns empregos parecem mais sedutores e invejáveis, vistos de fora, enquanto outros parecem pouco interessantes e corriqueiros. Salvo raras exceções, está na natureza humana querer o trabalho sedutor.

Contudo, para aqueles que têm um emprego sedutor, as coisas nem sempre foram encantadoras. O que se vê de fora é o resultado de se fazer reiteradamente tarefas corriqueiras.

O que agora parece inútil talvez se revele auspicioso. Nenhum esforço é desperdiçado quando nos empenhamos no momento presente.

O seu chefe pergunta: *Quem está disponível para fazer este trabalho?* Ninguém se oferece porque é uma incumbência enfadonha. Mas essa é precisamente a altura de dizer: *Eu estou.*

Seja a pessoa que tem esse tipo de atitude. Será recompensada.

39

DE VEZ EM QUANDO, TENTE PARAR DE PENSAR

Onde as ideias podem esconder-se.

Os benefícios de se ter espaço na mente.

Não é fácil atingir o estado vazio de não se pensar em nada. Até para os monges é difícil. Porém, se pensar bem, verá que já houve momentos em que conseguiu atingir esse estado sem dar por isso.

Por exemplo, quando olha para uma nuvem e pensa *ah, que linda nuve*m e fica a olhar distraidamente para ela. De repente sai do devaneio e pergunta-se em que estava a pensar antes desse momento. Insto-o a apreciar esses momentos.

No trabalho, quando há um problema para resolver, todos entram num frenesim para tentar chegar à ideia certa. Os pensamentos não param, toda a gente se redobra em esforços para arranjar uma solução. Porém, quando se quer ter uma boa ideia, esse esforço todo pode ser contraproducente.

As ideias ou centelhas surgem na verdade dos espaços vazios na nossa mente – dos intervalos entre os nossos pensamentos.

Para ter mais probabilidades de vislumbrar boas ideias, aprecie o tempo em que não está a pensar em nada.

40

ESTABELEÇA
FRONTEIRAS

A melhor forma de aliviar o *stress*.

Experimente criar portões na sua mente.

Quando acordamos de manhã, ligamos logo o computador e vemos o *e-mail*, ou lemos as notícias no telemóvel e vemos o tempo. Vivemos numa era de informação constante, disponível a qualquer hora e em qualquer lugar. Num mundo assim, mais motivos há para saber quando ligar e desligar.

É por isso que é tão importante estabelecer fronteiras.

Experimente criar portões na sua mente.

Por exemplo, o espaço da sua casa constitui o primeiro portão. Quando sai de casa e atravessa esse portão, pensamentos acerca de trabalho começam a vir-lhe à mente. A porta do carro ou do comboio é o segundo portão; quando a cruza, começa a planear o dia de trabalho. E, por fim, quando chega ao emprego e atravessa o terceiro portão, fica pronto para se concentrar no trabalho.

Quando o dia de trabalho termina e você regressa ao primeiro portão, é importante deixar o trabalho para trás.

O que resta é tempo para descontrair, para desfrutar da vida doméstica.

Esta é certamente a melhor forma de aliviar o *stress*.

41

TENTE PARTICIPAR NUM ENCONTRO ZAZEN

Oportunidade para varrer o lixo da mente.

No templo, consegue libertar-se do *stress* e das preocupações.

Hoje em dia, muitos templos zen organizam zazen*kai*, ou encontros zazen, abertos ao público.

Kenkoji, o templo no qual sou sacerdote, organiza um zazen*kai* semanal. Não é nada de complicado, depois de se aprender o básico, toda a gente pode participar.

Sentamo-nos tranquilamente em zazen e inspiramos a partir do abdómen. Isso é tudo o que é necessário para aquecer o corpo, mesmo no inverno frio. Quando inspiramos profundamente, o sangue flui até aos dedos dos pés e sentimos o calor em todo o corpo.

E estudos recentes demonstraram que, quando nos sentamos em zazen, entramos num "estado alfa", em que as ondas cerebrais associadas ao relaxamento predominam.

As pessoas chegam ao templo cheias de preocupações. Depois sentam-se tranquilamente em zazen e, durante esse tempo, encontram o seu "eu".

Quando saem do templo, deixam ali as preocupações.

A expressão que têm depois de se sentarem em zazen é límpida e serena. Sempre que assisto a isso, sinto um enorme prazer.

Participar num zazen*kai* é uma oportunidade de varrer o lixo da mente.

42

PLANTE UMA FLOR

———————

**Não há dia mais importante
do que o de hoje.**

No mundo da natureza, cada dia é um novo dia.

Plante uma flor. Plante a semente num vaso pequeno. Fale com ela todas as manhãs e regue-a. Com o tempo, surgirá um rebento, e depois uma linda flor nascerá. A flor crescerá – a cada dia, cada hora, cada minuto – e você reparará nas mudanças.

No mundo da natureza, cada dia é um novo dia. Nós, seres humanos, temos tendência para só pensar no passado, mas, quando se planta uma flor, ganha-se consciência de que nada nem ninguém permanece no mesmo lugar.

Num estilo de vida zen, estamos sempre em contacto com a natureza. Apercebemo-nos da vida que habita a natureza e sentimo-nos parte dela. Uma sensação de bem-estar e paz mental emana dessa consciência.

Todas as manhãs, caminho pelo jardim do templo. Embora seja o mesmo jardim, parece sempre diferente. É diferente nos dias soalheiros e nos dias chuvosos, e a quantidade de folhas caídas também muda todos os dias.

Dizemos: "Cada dia é um novo dia."

O mesmo acontece com os seres humanos. As preocupações de hoje terminam hoje. Amanhã haverá um novo "eu". É por isso que não há necessidade de nos preocuparmos.

43

COMECE BEM

Crie uma "espiral ascendente".

Como gerar um imenso bem à sua volta.

No Japão, quando o novo ano começa, fazemos a nossa primeira visita ao templo. Há uma cerimónia para rezar pela boa sorte ao longo do ano vindouro.

A sorte atrai mais sorte. O azar atrai mais azar. Mais um motivo para se começar bem.

Isto também se aplica ao trabalho. Por exemplo, inesperadamente arranja um novo emprego. Se aproveitar a oportunidade ao máximo e se se lançar ao trabalho, poderá surgir uma nova oportunidade de emprego. Se apreciar a sorte quando ela lhe bate à porta, poderão surgir muitas mais oportunidades. O contrário também acontece, em relação ao azar. Depois de darmos um passo azarado, parece que um nunca vem só.

Quando sentir que as coisas não vão bem, experimente ralhar consigo em voz alta. No zen, usamos a palavra *katsu* como exclamação para censurar praticantes que têm dificuldades no caminho do despertar espiritual. Um *katsu* no momento certo pode dar a volta ao jogo.

Não dê hipóteses ao azar. E aproveite bem a sorte. É esse o segredo de uma boa vida.

44

CUIDE BEM DE SI

O significado de ter um amuleto.

Um amuleto é o um alter ego.

Por vezes, visitantes do templo perguntam-me:

Mestre, qual é o amuleto mais potente? Qual deles tem mais efeito?

Parece que as pessoas não percebem bem o que é um amuleto, então explico-lhes pacientemente.

Pensem num amuleto como um *alter ego* de uma divindade ou do próprio Buda. Vocês vão cuidar da divindade durante um ano. Têm de proteger a divindade. E, se tomarem bem conta do amuleto, estão a tomar conta de vocês mesmos."

Talvez acredite que por usar um amuleto, está protegido e não tem de ter tanto cuidado. Mas não deve pensar assim. Se não tiver cuidado consigo, estará também a pôr em perigo a divindade.

Para que isso não aconteça, tenha atenção ao seu comportamento. Cuide de si mesmo. Esse é o verdadeiro significado de ter um amuleto.

45

PENSE DE FORMA SIMPLES

Se quer realmente satisfazer a mente.

O que pode parecer enganosamente apelativo...

Eis uma história acerca de uma coisa que aconteceu a um conhecido meu.

Apetecia-lhe *omuraisu*, um prato de arroz frito enrolado numa omelete e servido com *ketchup*, pelo que foi a um restaurante. Ao passar os olhos pelo menu, o que lhe chamou a atenção foi *hayashi-raisu* – carne picada com arroz. Era um daqueles menus com fotos, e aquele prato parecia mesmo delicioso. Enquanto decidia qual haveria de pedir, reparou que também podia comer *omu-hayashi*, uma combinação dos dois pratos, pelo que foi isso que pediu, todo contente.

Estava à espera de ficar satisfeito com a decisão, mas, afinal, não gostou nem de um prato, nem do outro. Teria sido melhor ter pedido apenas um deles.

Pode achar que é uma história sem importância, mas acho que compreende a mensagem.

Quando não temos a certeza, a simplicidade é a melhor opção.

Há um ditado zen sobre o *samadhi*, o estado de máxima concentração alcançada através da meditação: *Ichigyo zanmai*. Significa: Empenha-te apenas numa coisa. Em vez de tentar chegar a todo o lado, concentre-se numa coisa apenas. Essa é a forma de obter satisfação e realização. E, claro, se o que realmente lhe apetece é *omu-hayashi*, então é isso que deve pedir.

46

NÃO RECEIE A MUDANÇA

Solte a âncora do passado.

Há beleza na mudança.

Com a chegada da primavera, a glória das cerejeiras em flor deixa-nos o coração contente.

Os botões cerrados abrem-se e – parece que num abrir e fechar de olhos – as flores ficam no auge. Mas dali a menos de uma semana, as pétalas começam a cair e logo a seguir começam a brotar as folhas das cerejeiras. O cenário das pétalas espalhadas é gracioso em si mesmo, um acontecimento ao mesmo tempo constante e em transformação. E a beleza de tudo isso cativa-nos.

O que os japoneses mais prezam é a fragilidade da beleza das flores de cerejeira. As flores são encantadoras devido à sua evanescência – pressentimos nelas a efemeridade da vida. Diz-se que este apreço pelo efémero foi o que permitiu que o budismo zen se enraizasse e espalhasse pelo Japão. Há, na verdade, uma ligação profunda entre o pensamento zen e a reverência pelas flores de cerejeira.

Passa-se o mesmo com as nossas vidas. Tudo está em fluxo constante. Há mudanças à medida que envelhecemos e mudanças no nosso ambiente.

Nada há a recear nessas mudanças.

Uma mente flexível aceita a mudança e não se apega ao passado. Em vez de lamentar a mudança, encontra nela nova beleza e esperança. Essa é uma vida a que aspirar.

47

REPARE
NAS MUDANÇAS

Tudo emana desta consciência.

O resultado de nos observarmos
a partir de um ponto fixo.

Os monges zen costumam levantar-se às quatro da manhã. No zen, referimo-nos à hora do despertar como *shinrei* ou "tocar do sino", pois é anunciado com uma sineta.

Os monges lavam-se e depois, às 4h15, começam o zazen matinal. Chamamos-lhe *kyoten* ou zazen da "aurora". A hora de deitar – *kaichin* ou "abrir a almofada" – é às nove da noite. Dormimos sete horas por noite. Levamos um estilo de vida muito regular.

Porque é que os monges zen vivem assim?

Para estarem em sintonia com a mudanças subtis na mente e no corpo.

Quando temos um estilo de vida regular, somos capazes de reparar nas mudanças mais ligeiras. Se quer mudar, em primeiro lugar é importante desenvolver a consciência das mudanças dentro de si.

Talvez consiga fazer algo hoje que ontem não era capaz. A sua disposição talvez não esteja idêntica à de ontem. Fazendo observações a partir de um ponto fixo, será capaz de se ver como realmente é. Também é assim que poderá afinar mente e corpo, cuidando bem de ambos.

Viver de forma conscienciosa começa com deitar cedo e cedo erguer.

Este é o segredo para uma vida simples e feliz.

48

SINTA, EM VEZ
DE PENSAR

**Para fomentar um verdadeiro
gosto pela vida.**

A vantagem daqueles que reparam nas pequenas mudanças.

Em tempos que já lá vão, os pescadores sabiam prever o estado do tempo, não havia as técnicas meteorológicas modernas. Usavam a direção do vento ou o aspeto das nuvens. Sem este saber, podiam pôr a vida em risco.

Também estudavam a cor da água ou o comportamento dos pássaros para calcular onde podiam encontrar peixe. Dedicavam-se a afinar todos os sentidos para garantir a segurança e pescarem o peixe de que precisavam para a sua subsistência.

Quando este tipo de capacidade dá resultados, sentimos uma enorme satisfação.

Acredito que é importante ter os cinco sentidos apurados para se experimentar tal satisfação. Esse é um dos prazeres da vida.

Experimente pegar numa pedra à beira da estrada. Toque-lhe e repare no seu cheiro. As pedras têm frente e verso, cada qual com a sua textura. Talvez julgue que as pedras não têm cheiro, mas as pedras das montanhas cheiram às montanhas, enquanto as do mar cheiram ao mar. Se olhar à sua volta, descobrirá muitas coisas. Apure os sentidos e repare na natureza e nas suas mudanças, nos mais ínfimos detalhes.

49

NÃO DESPERDICE

Por exemplo, experimente comer
a rama dos rabanetes.

O que é uma "mente zen"?

Se eu tivesse de descrever uma mente zen em poucas palavras, diria que é dar bom uso a tudo.

Por exemplo, quando preparamos refeições, praticamente não deitamos nada fora. Aproveitamos a rama dos rabanetes, enquanto a maioria das pessoas deita-a para o lixo. Conservada em picles, é um acompanhamento delicioso.

Também nunca deitamos fora as sobras. Se nos apercebermos de que não vamos conseguir terminar a nossa porção, oferecemo-la a outra pessoa.

Este tipo de prática dá um brilho à mente.

A essência do zen encontra-se na beleza das coisas simples. Há beleza no despojamento, no que tem nada desnecessário nem ornamentação. Num edifício, por exemplo, a beleza pode encontrar-se na estrutura ou nos materiais usados. Uma ornamentação desnecessária destruiria a sua beleza essencial. É assim que vemos as coisas.

Aprecie os materiais ou ingredientes básicos, sejam eles quais forem.

É uma forma simples de aperfeiçoar a mente e o estilo de vida.

50

NÃO SE LIMITE
A UMA ÚNICA PERSPETIVA

———

Há mais do que uma "maneira certa".

O conceito de *mitate*.

Em japonês, falamos do conceito de *mitate* – ver determinado item não como foi concebido originalmente, mas como outra coisa; olhar para uma coisa e ver outra e dar-lhe outro uso. A noção de *mitate* surgiu da mesma estética da cerimónia do chá, na qual os praticantes usam objetos do dia a dia com elevação – por exemplo, uma cabaça que era um recipiente para água passa a ser usada como vaso para flores.

Com os passar dos anos e o uso, os utensílios desgastam-se e tornam-se obsoletos. Mas isso não dita necessariamente o fim da sua vida. É possível descobrir novas formas de usar um e de lhe dar uma nova vida. Este é o verdadeiro espírito do zen.

Por exemplo, uma mó. Ao fim de anos de uso, desgasta-se e já não serve para moer os cereais. Mas isso não significa que tenha chegado ao fim da sua vida. Pode-se usar, por exemplo, para fazer um caminho de jardim. E uma chávena de chá com a borda lascada pode ser usada como vaso para uma flor.

Os objetos não têm só um propósito. Podem ser usados de uma miríade de formas, dependendo da imaginação de cada um. Que utilidade dar a um objeto? Esse é o conceito estético de *mitate*.

A abundância não está em acumular coisas, mas em saber como as usar.

Experimente ver as coisas de maneira diferente, não se limite à "maneira certa".

51

PENSE PELA SUA
PRÓPRIA CABEÇA

Encare o senso comum com ceticismo.

O conhecimento e a sabedoria são parecidos, mas não são a mesma coisa.

Conhecimento e sabedoria podem parecer a mesma coisa, mas não são.

Coisas que aprendemos na escola ou por nossa conta – isso é conhecimento.

A sabedoria é aquilo que sabemos por pormos em prática o conhecimento.

Tanto o conhecimento como a sabedoria são importantes para se levar uma vida feliz. Não devemos privilegiar um e negligenciar o outro. Há que manter o equilíbrio.

O monge zen Ikkyyu, famoso pelo seu engenho, mostrou muitas vezes o seu saber e conhecimento nas soluções brilhantes que encontrava para problemas difíceis. Na minha opinião, as pessoas que possuem conhecimento suficiente para saber como aplicá-lo em situações particulares são capazes de se mover agilmente pela vida.

No mundo atual, com o excesso de informação, parece que deixamos de conseguir pensar. Parece que a nossa cabeça vai explodir com tanta informação.

Mas a forma como vivemos a nossa vida é uma decisão só nossa. Mais um motivo para termos sabedoria – para nos ajudar a decidir como levar a vida, depois de tomarmos contacto com as várias formas de viver.

Veja o máximo que puder. Sinta o máximo que puder. E certifique-se de que pensa pela sua própria cabeça.

52

ACREDITE EM SI

**Quando desiste, o seu potencial
cai para zero.**

As possibilidades nascem da confiança.

No zen, dizemos que todas as coisas vêm do nada. Estas palavras aplicam-se em particular à natureza humana.

Todos nascemos nus. Isto é, sem quaisquer posses. Absolutamente nada.

Vendo a coisa de outra forma, podíamos dizer que é precisamente quando não temos nada que o nosso potencial é ilimitado. E é neste nada que encontramos possibilidades infindas. Ou, como dizemos no zen: "No nada há um potencial infinito."

Todos temos capacidades – ninguém tem um potencial nulo.

A questão é: como é que o libertamos?

Para quem se sente bloqueado ou já não acredita em nada, a resposta é alimentar a confiança em si mesmo.

As suas capacidades ainda não estão plenamente concretizadas. Se fizer um esforço por dar asas ao seu potencial, verá progressos. Acreditará nas possibilidades que existem em si.

A vida nem sempre corre sobre rodas. Por vezes, esforçamo-nos em vão. Apesar disso, tente acreditar em si e dar o seu melhor. Não tenha medo de avançar.

53

EM VEZ DE SE PREOCUPAR, MEXA-SE

**Uma forma muito mais fácil
de responder a um desafio.**

Para aqueles que plantam as sementes da sua própria ansiedade.

Eu dou aulas numa universidade, e os alunos perguntam-me muitas vezes como arranjar emprego.

Queixam-se de que mesmo que se candidatem a uma empresa de que gostem, podem não obter resposta ou que as empresas não recrutam muita gente da nossa universidade. Muitos destes alunos têm vontade de desistir.

Eu digo-lhes para não se preocuparem tanto e para irem ver com os seus próprios olhos.

Se estiver preocupado com o emprego ou angustiado com qualquer relação, o facto de guardar tudo na cabeça só faz que se instalem sentimentos como "não sou capaz" ou "não vai resultar".

Porém, se mergulhar de cabeça, verá como concretizar algo ou encontrar uma solução é mais fácil do que pensava. Tal como no *bungee jumping* ou numa montanha-russa, a parte mais assustadora não é o salto ou a viagem, mas aquele momento antes de dar o salto.

Seja honesto: planta as sementes da sua própria ansiedade?

É um desperdício de tempo perder-se num labirinto criado por si mesmo. Em vez disso, concentre a sua energia na realidade que está a viver e dê um passo de cada vez.

54

UMA MENTE ÁGIL

Para que serve o trabalho árduo?

Uma mente ágil é uma mente forte.

Quando alguém nos critica, sentimo-nos imediatamente atacados. Quando algo desagradável acontece, não conseguimos deixar de pensar nisso. O que podemos fazer para dar a volta por cima?

Uma forma de fortalecer a mente é limpando.

Quando limpamos, usamos a cabeça e o corpo. Se o que aprendemos através do esforço mental é importante, o que o corpo aprende através do esforço físico tem mais efeito na força mental.

A prática do budismo zen inclui aprender através do esforço físico. Os monges zen acordam bem cedo e começam a limpar. Quando faz frio lá fora, varrer e limpar tudo com um pano húmido é difícil. No entanto, quando terminamos, ao entrarmos nesse espaço limpo e arrumado, como que renascemos. Não é possível ter essa sensação se não formos nós mesmos a limpar.

Trabalho e perseverança. Algumas pessoas franzem o sobrolho ao ouvirem tais palavras.

Talvez esteja a perguntar-se *mas para que serve esse trabalho todo?* Serve-o a si.

Quando nos empenhamos, de corpo e alma, é impossível não ficarmos mais fortes. Ficamos mais bem equipados para enfrentar a vida se tivermos uma mente ágil.

55

PASSE À AÇÃO

———

Torne-se mais terra a terra.

Há coisas que só podem ser apreciadas quando somos nós a fazê-las.

Temos um ditado zen: "Experimenta o calor e o frio por ti mesmo." Ou seja, por mais que tentemos explicar a sensação da água quente ou fresca, por exemplo, só conseguimos perceber se pusermos lá a mão. É essa a importância do conhecimento direto.

Há uma celebridade da TV no Japão que se chama Miyoko Omomo. Ela visitou a sua aldeia natal em Niigata depois do terramoto de Chuetsu, em 2004, e perguntava-se o que podia fazer para ajudar. Oriunda de uma família de agricultores, arrendou um terreno e começou a cultivar arroz. Durante a semana trabalhava em Tóquio e ao fim de semana voltava à aldeia para trabalhar a terra. Encarregava-se pessoalmente de todas as tarefas, desde a monda ao cultivo, e não tinha problemas em pôr as mãos na terra.

Ouvi-a falar a propósito disso num programa radiofónico. Disse que nunca tinha provado arroz tão delicioso. Era como se visse o rosto de Kannon (a deusa da misericórdia) em cada bago.

Por ter sido ela própria a cultivar e a colher o arroz, aprendeu a dar-lhe todo o valor Tornou-se literalmente mais "terra-a-terra".

Há coisas que só podem ser apreciadas quando somos nós a fazê-las.

56

ESPERE PELA OPORTUNIDADE CERTA

Quando as coisas não correm
como queremos.

A atitude japonesa.

Historicamente, os japoneses têm sido um povo agrícola. Cuidamos da terra e vivemos da graça da abundância da natureza.

A cultura de um povo agrícola é, *grosso modo*, uma cultura da floresta. Ao contrário do que sucede num deserto, numa floresta há comida em abundância. As árvores dão flores e fruta, frutos secos, bagas. Sem saberem quando cairiam as oferendas das árvores, os nossos antepassados reuniam-se debaixo delas e esperavam. Assim se desenvolveu uma cultura de reunião.

Depois de comerem os frutos caídos, plantavam as sementes no solo. Os rebentos nasciam prometendo comida suficiente para todos, pelo que não era necessário roubar a porção dos outros.

Poder-se-á dizer que, por causa deste legado, os japoneses são naturalmente calmos, esperam pela oportunidade certa e entreajudam-se. É essa a sua mentalidade.

Observe atentamente a natureza. Abra os ouvidos à voz da natureza e acostume-se ao seu ritmo. Isto pode levar a uma profunda contemplação, que nos ajuda a ver com clareza o passo seguinte.

Quando o trabalho ou as relações não vão bem, lançar-se na procura de uma solução é uma possibilidade.

Mas há alturas em que esperar pelo momento certo poderá ser melhor.

57

APRECIE A LIGAÇÃO
ÀS COISAS

———————

Reconheça o luxo
de não ter coisas.

Apreciar as coisas é apreciar-se a si mesmo.

Apesar de já ter computador, quando aparece um modelo mais recente, fica com vontade de o ter. Apesar de o seu carro só ter três anos, anda desejoso de o trocar por um novo. O desejo alimenta-se de desejos e a mente fica dominada por uma ganância sem limites. Isto não é felicidade.

Observe as coisas que tem agora. Crie apreço por elas. Há algo específico que o liga a essas coisas, uma razão para as ter adquirido. Cuide delas, trate-as como se fossem a melhor coisa do mundo.

Pode decidir que quer um carro e depois trabalhar arduamente e poupar para o comprar. Isso não tem mal nenhum. O importante é tratá-lo com cuidado quando o tiver.

Pense nas coisas que estão ligadas a si como partes de si mesmo. É raro encontrar alguém que não queira saber de si mesmo. Depois de adquirir uma coisa e começar a cuidar dela, ganhará afeto por ela. O mais importante é a sua atitude em relação às coisas que lhe pertencem.

Use as mesmas coisas durante anos, décadas até. Sentir-se-á bem com o tempo que passou com elas. Pense na ligação entre as pessoas e as coisas. Trate-as bem, como se trataria a si mesmo.

58

SENTE-SE EM SILÊNCIO
NA NATUREZA

Dedique algum tempo a olhar
com atenção para si mesmo.

Porque temos vontade de nos sentar quando estamos num jardim.

Os templos de Quioto e Nara atraem muitos visitantes. Os seus jardins existem há centenas de anos. Quando vemos esses jardins, automaticamente sentamo-nos. Embora possamos vê-los de pé, ou mesmo a caminhar, temos vontade de nos sentar. O facto de nos sentarmos inspira-nos a contemplar.

Os pensamentos que surgem serão diferentes de pessoa para pessoa, mas talvez reflitamos sobre o próprio jardim. Ao fazê-lo, transcendemos centenas de anos e podemos desfrutar de um diálogo tranquilo com as pessoas que o criaram.

No fluir descontraído do estado contemplativo, tentamos desvendar a nossa própria existência. É uma oportunidade de reexaminar como somos no dia a dia.

É muito importante dedicar algum tempo a este tipo de experiência. Não é preciso ir até Quioto ou Nara – um jardim, um templo ou uma igreja da zona servirá perfeitamente.

Sente-se e tenha um diálogo com a natureza.

59

DESANUVIE A CABEÇA

**Tenha consciência dos sentidos
que estão a ser estimulados.**

Faça menos, não mais.

Esvaziando a mente, proporcionamos um estado de nada. No mundo do zen, chama-se a isto *mushiryo* ou "para além do pensamento". Refere-se a um estado em que nada retemos em nós.

Desanuvie a cabeça e olhe para o céu – verá as nuvens em movimento. Esvazie a mente e escute ativamente – tudo o que está à sua volta é a mistura de sons da natureza – o canto de pássaros, o vento a restolhar nas folhas caídas.

Mesmo que esteja numa cidade, há sempre muitos sons e cenas que evocam a natureza. Assimile tanto quanto possível desse mundo natural, vai acabar por reparar que também faz parte da natureza.

Por exemplo, a chuva que cai das nuvens que viu no céu cai num rio ou torna-se a água que que vai beber. Este é o momento em que experiencia a total interligação da natureza.

Sobretudo quando andar ocupado, procure dedicar algum tempo a desanuviar a cabeça.

Mesmo que seja por poucos minutos, experimente a prática *mushiryo*, ir para além do pensamento e do não pensamento. Verá como acalma a mente e transmite ao corpo um enorme poder.

60

DESFRUTE
DE UM JARDIM ZEN

**Experiencie como um jardim assim
se encontra imbuído da "mente zen".**

Há poderes curativos num jardim zen.

Visitar uma cidade antiga do Japão dá-nos a oportunidade de apreciar os jardins dos templos zen.

Num sentido literal, todos os jardins nas imediações dos templos zen budistas podem ser considerados jardins zen.

Mas não é bem assim.

Porquê? Vejamos, por exemplo, a pintura zen.

Consideremos uma pintura *sumi-e* de Bodhidharma, um pintor japonês famoso. Independentemente de quão esplêndida possa ser, não a classificaríamos como uma pintura zen.

O que quero dizer é que tanto os jardins zen como as pinturas zen seguem uma forma específica. São expressão da mestria do criador de um estado zen, a que também se chama mente de Buda.

É necessário um longo treino de budismo zen para se alcançar uma mente de Buda. Nesse estado zen, a beleza única da paisagem imaginada pode expressar-se num jardim ou numa pintura zen. Transmite uma serenidade capaz de sanar a mente.

Em vez de ver apenas a beleza superficial de um jardim zen, tente experienciar a mente zen que o imbui. Quando se sentir integrado no jardim, nem dará pelo tempo a passar. Quanto mais apreciar os conceitos que permeiam o jardim, mais este poderá sanar-lhe a mente.

TERCEIRA PARTE

20 FORMAS DE ALIVIAR AS PREOCUPAÇÕES E A CONFUSÃO

Experimente mudar a forma
como interage com os outros.

61

SIRVA OS OUTROS

**O ponto de partida para se sentir
satisfeito com a vida.**

De onde vêm as preocupações?

Um estado de clareza absoluta, sem a complicação dos desejos ou de quaisquer amarras – é esse o estado de "nada" que o zen enfatiza acima de tudo o mais.

Este vazio de pensamento é a base dos ensinamentos do Buda e das suas noções fundamentais de impermanência e insubstancialidade. O Buda ensina que o sofrimento humano acontece quando nos falta a consciência desta impermanência e insubstancialidade.

Por outras palavras, a confusão e as preocupações que temos provêm de uma incapacidade de aceitarmos que o mundo está constantemente a mudar, de uma crença – ou esperança inconsciente – de que nós e as nossas posses, bem como as pessoas que nos rodeiam, permanecerão sempre. É precisamente quando somos traídos por tal esperança que sentimos angústia.

Tudo exerce influência sobre tudo o resto.

Por exemplo, se decidir que quer ser feliz, precisará que as pessoas à sua volta também sejam felizes. É assim que servir os outros pode trazer-lhe a sua felicidade.

Não se agarre ao que acredita que é e que deve ser sempre. Pratique o desapego. Assim servirá a felicidade dos outros.

Tenha isto em mente e vai sentir-se mais satisfeito com a sua vida.

62

LIVRE-SE DOS "TRÊS VENENOS"

Tenha uma mentalidade zen na sua vida.

Analise os seus desejos e raiva, e esforce-se por compreender a natureza das coisas.

No budismo, há aquilo a que chamamos os "três venenos". Não são daqueles venenos que podemos ingerir. Os ensinamentos referem-se-lhes como paixões ou desejos mundanos. São a raiz do sofrimento humano e impedem-nos de alcançar o crescimento espiritual.

Os três venenos são a ganância, a raiva e a ignorância.

Quando somos afligidos pela ganância, depois de termos o que desejávamos, continuamos a querer mais. A raiva deixa-nos furiosos à mínima coisa e, uma vez suscitada, descarregamo-la nos outros. A ignorância é um estado de tolice: descuramos o senso comum ou o conhecimento e falta-nos educação – mas o que realmente nos falta é uma compreensão da nossa verdadeira natureza, a natureza de Buda.

Enquanto permitirmos que estes três venenos nos controlem, não seremos capazes de encontrar a nossa paz.

Os ensinamentos dizem que, se nos libertarmos destes três venenos, destas aflições mundanas, poderemos viver felizes e livres.

Sempre que der por algum dos três venenos a começar a mostrar-se, tente acalmar a mente, regulando a respiração. Isto pode impedir que os problemas se instalem.

63

CULTIVE A CONSCIÊNCIA
DA GRATIDÃO

O sentido mais profundo
de uma frase casual.

Umas quantas palavras simples carregadas de afeto.

Quando alguém nos pergunta como estamos, em japonês respondemos: *Okagesama de* (está tudo bem, com a graça de Deus).

Isto acontece a toda a hora, mas é uma troca de palavras encantadora e, parece-me, muito japonesa.

Uma pessoa não pode viver à conta das suas boas graças. Precisamos do apoio dos outros e é graças a eles que sobrevivemos. Por mais óbvio que isto possa parecer, tendemos a esquecê-lo. Mais uma razão para transmitirmos estes sentimentos por palavras.

Bom dia em japonês diz-se *Ohayo gozaimasu*, o que, numa tradução literal, significa "é cedo". Implícito nesta expressão está: "É cedo e, tendo chegado em segurança até aqui, continuemos a esforçar-nos pelo melhor."

Outra expressão japonesa comum é *itadakimasu*, que dizemos antes de comer. É uma expressão de gratidão em relação ao alimento de que vamos desfrutar. Também transmite gratidão para com as pessoas que o prepararam. Seja peixe ou vegetais, a comida ainda contém vida. Consumindo-a, nutrimo-nos e podemos continuar a viver. Por isto, sentimo-nos muito gratos. Todos estes sentimentos estão contidos na expressão *itadakimasu*.

Estas expressões comuns poderão parecer muito familiares, até mesmo automáticas, mas comportam reservas profundas de sentido e sentimento.

64

EM VEZ DE AFIRMAR, MOSTRE COMO SE SENTE

**A forma de transmitir
as suas verdadeiras intenções.**

Compreender a ideia por trás de *uchimizu*, a prática japonesa de borrifar com água o lado de fora de um portão.

Expresse como se sente casualmente e sem dizer palavra, em vez de o descrever. Quando se trata de transmitir as nossas verdadeiras intenções, as ações falam mais alto do que as palavras.

Num dia quente de verão, talvez espere a visita de alguém.

Antes de as visitas chegarem, salpique a zona à entrada da casa com água. Este ato serve para purificar a entrada da sua casa e fazer com que os convidados se sintam bem-vindos. A visita vê a água por evaporar no passeio ou as gotas nas flores e pensa: *Oh, estão a contar comigo. Que acolhedor!*

Isto não tem absolutamente nada de agressivo ou presunçoso. É apenas um gesto gracioso de boas-vindas, que é unicamente japonês.

Quando queremos transmitir os nossos desejos ou intenções, não há qualquer sabedoria em ser-se insistente ou assertivo.

Os japoneses sempre tiveram um sexto sentido para interpretar sentimentos, seja concentrando-se nos outros, seja por compreensão tácita.

Comunicamos com os outros em cada respiração e sem esquecer a natureza do nosso coração.

65

EXPRESSE O QUE PENSA, MAS NÃO POR PALAVRAS

O que existe não é só
o que consegue ver.

Porque é que as pinturas zen são feitas a tinta da China?

A filosofia zen tem como verdadeiro o seguinte: "O despertar espiritual é transmitido fora dos sutras. Não pode ser experienciado através de palavras ou letras."

O que isto significa é que a essência dos ensinamentos zen não podem ser postos em palavras – quer escritas, quer ditas.

A pintura zen é um exemplo disto.

Não se usam cores múltiplas na pintura zen – apenas o tom único da tinta da China. A razão para isso? Crê-se que a verdadeira beleza não pode ser expressada por cores e que estas são uma expressão imperfeita da inefabilidade da beleza. Por isso, evitam-se as cores.

Cada um de nós experiencia o esplendor do sol-poente de uma forma diferente. Mesmo que todos descrevamos a cor como carmim, é possível que cada um de nós perceba essa cor de uma forma diferente. Usando apenas o preto, o pintor permite que cada espectador experiencie o carmim do pôr do sol como quiser.

É por isto que se diz que a pintura zen usa a tinta da China para expressar as cinco cores – verde, azul, amarelo, roxo e vermelho.

É possível encontrar uma gama infinita de cores na tinta da China. Dependendo de quem está a ver, a tinta ganha diferentes tonalidades e camadas. O que existe vai além do que consegue ver.

66

VEJA AS QUALIDADES DOS OUTROS

Sobretudo quando as falhas deles se tornam evidentes.

Tanto nos jardins como nas relações pessoais, o fundamental é a harmonia.

Os jardins japoneses não são criados "cortando e colando" vários componentes na paisagem. Todo o jardim é composto de maneira a aproveitar ao máximo as caraterísticas particulares de cada elemento, como a forma de uma pedra ou a forma como determinada árvore se inclina.

O que significa aproveitar ao máximo um elemento num jardim?

Digamos que um jardim terá várias árvores. Não podemos simplesmente plantar as árvores e ficarmo-nos por aí. É importante identificar a forma ideal de cada árvore.

Que tipo de disposição tem essa árvore em particular? Como devemos plantá-la – em que posição e voltada para que direção – para fazer ressaltar as suas qualidades mais atrativas?

Por outras palavras, temos de apreciar a individualidade de cada árvore e depois levá-la a expressar-se. Compreendendo a essência de uma árvore, podemos colocá-la em harmonia com os outros elementos do jardim.

O mesmo se aplica às relações entre pessoas.

Temos de reconhecer a nossa própria individualidade e a dos outros para nos darmos bem. Isto não quer dizer que tenha de se adaptar aos outros, mas, concentrando-se nas suas qualidades, pode criar uma bela relação.

67

APROFUNDE A SUA LIGAÇÃO COM ALGUÉM

O verdadeiro significado de
"uma vez na vida".

Concentre-se num único encontro.

Hoje em dia parece que as pessoas só querem saber de relações superficiais. Quanto mais conhecidos tiverem, melhor. As palavras-chave são *networking, fazer contactos*. No mundo dos negócios, é claro que isto é muito importante.

Mas, na vida privada, pouco importa se o círculo de amigos é pequeno. Eu não espero ter muita gente com quem possa confidenciar. É mais enriquecedor construir uma só relação significativa do que amontoar cem ligações sem substância. Pelo menos, essa é a minha opinião.

Há um ditado que tem uma origem zen: *ichi-go ichi-e* que significa "uma vez na vida". Devemos prezar cada encontro que temos porque talvez só vejamos uma pessoa uma vez na vida.

Isto não quer dizer que devemos ter mais encontros ou mais amigos. Foque-se num só encontro e construa uma relação significativa. O que é importante não é a quantidade de relacionamentos, mas a sua profundidade.

68

APRENDA A AGIR
NA ALTURA CERTA

————————

**Isto também se aplica
a relações interpessoais.**

Não seja demasiado apressado, nem demasiado descontraído.

Há uma expressão japonesa, *sottaku doji*, que quer dizer, literalmente, "bicar simultaneamente por dentro e por fora".

É usada para descrever o que acontece quando um ovo está a eclodir: a primeira parte refere-se ao pintainho, que bica por dentro da casca do ovo; a segunda parte, à reação da galinha que começa a bicar por fora, para ajudar o pintainho a sair.

É uma situação muito delicada. Se a galinha partir a casca antes de o pintainho estar completamente formado, o pintainho morre. Por isso, tem de escutar muito atentamente o som das bicadas do filhote e decidir quando é altura de bicar por fora, para o ajudar a romper a casca.

Por outras palavras, *sottaku doji* tem a ver com encontrar a altura certa para ambos.

Isto aplica-se à educação das crianças, mas serve também para outras situações.

Quando ensinamos alguém no trabalho, não podemos apressá-lo, nem ser demasiado descontraídos. E, quando somos nós a aprender, cabe-nos enviar um sinal de que estamos prontos para progredir.

Os melhores resultados ocorrem quando duas partes se sincronizam e agem na altura certa.

69

NÃO SINTA NECESSIDADE DE QUE TODOS GOSTEM DE SI

Isto aplica-se inclusivamente
a monges zen.

Não se deixe levar; não seja preconceituoso; não seja demasiado exigente.

As relações podem ser complicadas. Por mais que se esforce, é difícil ter uma mente aberta para toda a gente. Nem os monges zen de um templo se dão sempre bem.

Não há necessidade de tentar convencer-se a ter uma boa relação com esta ou aquela pessoa ou de tentar conhecer melhor alguém. A ideia de que temos de nos dar bem com todos ou que temos de ser amigos de alguém só nos atrapalha. Ficamos presos naquela ideia de querermos que gostem de nós. Isso só cria tensão.

Não se deixe levar; não seja parcial; não seja demasiado exigente. Porque não desapegar-se de relações triviais e ser mais descontraído? Não estou a sugerir que tente ser pouco popular, mas, da mesma forma, não se esforce demasiado para que gostem de si.

Quando uma flor abre, a borboleta encontra-a naturalmente. Quando as árvores florescem, os pássaros voam até aos seus ramos e, quando as folhas murcham e caem, os pássaros dispersam-se.

As relações com as pessoas não são assim tão diferentes.

70

NÃO FIQUE OBCECADO COM O QUE É CERTO OU ERRADO

———

Há que chegar ao meio-termo.

Se insistir no branco e no preto, vai perder a beleza do cinzento.

O budismo é uma religião extremamente tolerante.

Os budistas não pensam em termos de preto e branco. Algumas coisas são brancas, outras são pretas e, entre umas e outras, há vários tons de cinzento. Este espírito de tolerância encontra-se no cerne do budismo e tem muito a ver com a forma como este se instalou no Japão.

O xintoísmo tem sido praticado no Japão desde tempos imemoriais e, a dada altura, o budismo chegou, vindo da China. Em vez de oporem o xintoísmo ao budismo, os japoneses consideraram que, de alguma forma, estas duas religiões poderiam coexistir.

O conceito japonês de *honji suijaku* afirma que os deuses xintoístas são manifestações de divindades budistas e, juntos, formam um todo indivisível, santificado em altares xintoístas, naquilo a que se chama *gongen*.

Isto pode parecer perfeitamente ambíguo, mas é exatamente por isso que é um excelente exemplo da sabedoria japonesa. É uma forma de ambos os lados coexistirem, encontrando um meio-termo e evitando conflitos.

As coisas não têm de ser certas ou erradas, branco ou preto.

Em vez de puxar para um lado ou para o outro, um meio-termo poderá ser a melhor opção.

71

VEJA AS COISAS TAL COMO ELAS SÃO

O ódio e o afeto partilham
a mesma natureza verdadeira.

A melhor forma de evitar gostar e não gostar.

As relações no trabalho tendem a ser difíceis. As pessoas queixam-se do chefe ou dos colegas. *A culpa é toda do meu subordinado. Se ao menos ele não fosse o meu chefe.* Podemos pensar que estaríamos melhor se não tivéssemos conhecido um colega qualquer, mas, tratando-se de pessoas com quem trabalhamos, não temos escolha.

As dificuldades nas relações interpessoais – poder-se-ia dizer que este é um tema eterno.

Muso Kokushi, conhecido como "o pai dos jardins zen", certa vez disse o seguinte:

"O grande benefício do zen, no contexto dos altos e baixos normais da vida, não se encontra em evitar os baixos e fomentar os altos, mas em orientar as pessoas para a realidade fundamental que não depende dos altos e baixos." Isto pode querer dizer, por exemplo, que organizar uma cerimónia fúnebre em honra de um inimigo figadal ou confessar as nossas próprias ações pode ser uma forma de transformar uma ação má numa boa.

Por outras palavras, a ventura e a desventura partilham a mesma origem. O ódio e o afeto são, de facto, a mesma coisa.

Então, qual é a verdadeira natureza destes sentimentos? De uma forma sucinta, é a nossa própria mente. As nossas preferências, o que gostamos e não gostamos – tudo é produto da nossa própria mente. No budismo zen, diz-se que quando alcançamos a iluminação espiritual, não há gostar e não gostar. Quando vemos as coisas tal como elas são, as nossas afeições desaparecem.

72

APRENDA
A DESAPEGAR-SE

**"Não ligues" também
é sabedoria budista.**

"Impávida mesmo quando os oito ventos sopram."

As palavras são importantes.

Mas é mais importante não nos deixarmos afetar pelas palavras.

No trabalho, ou em situações sociais, há alturas em que nos sentimos magoados por palavras que nos são dirigidas. Ainda que a intenção possa ser a de incentivar, quando as ouvimos, podemos considerá-las cruéis ou duras. Uma só palavra de um colega pode ferir como uma adaga.

Porém, os comentários negativos deviam ser esquecidos rapidamente. Podemos fazer isso facilmente se não lhes ligarmos.

Diz-se da mente zen que fica "impávida mesmo quando os oito ventos sopram". Tentamos mantermo-nos imperturbáveis, independentemente da situação – e até ficarmos calmos e de bom humor.

Experimente libertar-se do apego às coisas. Não se apegue às palavras. Se tiver uma interação difícil com alguém, não se prenda à relação. Tente estabelecer uma certa distância.

É essa a sabedoria do Buda.

Para vivermos livremente, precisamos de adquirir uma mente descomprometida.

73

NÃO PENSE EM TERMOS
DE PERDER E GANHAR

De onde vem a consciência
das nossas fraquezas?

Pessoas com quem nos entendemos e pessoas com quem não nos damos bem.

É impossível não ter fraquezas. É possível que alguém não pretenda magoar-nos ou ofender-nos, mas, devido às suas ações ou palavras, ficamos irritados ou ressentidos. O mais provável é que você conheça alguém que lhe provoque este tipo de emoções.

Parece que essas pessoas sabem como atingir-nos. Mas como?

Deixem-me explicar o conceito de *ishiki* ou "consciência mental", no pensamento zen.

Conhece alguém pela primeira vez e pensa: *Oh, parece simpático; acho que me vou dar bem com ele.* Isto tem a ver com o *i*, o primeiro caráter de *ishiki*, que corresponde à mente, ou ao coração.

Então e o segundo caráter, o *shiki*? O segundo caráter liga-se ao que julgamos de alguém. *Talvez me possa ajudar na minha carreira. Com este tipo não vou a lado nenhum.* Quanto mais fazemos isto, mais as nossas fraquezas se revelam.

Cem pessoas terão cem formas diferentes de raciocinar ou de fazer juízos de valor. Em vez de pensar no que pode perder ou ganhar, pense se é uma pessoa correta ou compatível consigo. Irá aliviar muita da pressão nas suas relações.

74

NÃO SE DEIXE ENREDAR
POR MERAS PALAVRAS

A importância de interpretar
os sentimentos dos outros.

Pense no que os outros dizem com empatia.

Os sentimentos nem sempre podem expressar-se por palavras. Algumas pessoas têm mais dificuldades em descrever como se sentem.

É por isso que temos a capacidade de interpretar os sentimentos dos outros.

Há uma expressão zen, *Nenge misho*, que se refere a um enigma acerca do Buda, conhecido como *koan*. Sentado no seu lugar de darma, diante dos seus muitos discípulos, diz-se que o Buda não pronunciou palavra, limitando-se a girar uma flor na mão, enquanto esboçava um sorriso subtil. Os discípulos ficaram siderados e, entre os presentes, só Mahakashyapa foi capaz de retribuir o sorriso do Buda. Mahakashyapa compreendeu o gesto sem palavras do Buda e, tendo recebido esta transmissão de darma, foi designado como seu sucessor.

Continua a ser importante, claro, expressarmos por palavras aquilo que sentimos. E também devemos prestar muita atenção ao que as outras pessoas dizem.

Mas não devemos perder a noção do essencial ao deixarmo-nos levar pelas palavras. Devemos ouvir o que os outros têm para dizer, mas também ter empatia para com os seus sentimentos.

75

NÃO SE DEIXE INFLUENCIAR PELAS OPINIÕES DOS OUTROS

O segredo para se livrar
da confusão.

A determinação implica termos a capacidade de confiar em nós mesmos.

A disposição das pedras desempenha um papel central nos jardins zen. As pedras podem ser arranjadas de formas infindas, representando microcosmos, simbolismos e abstrações. No meu trabalho como *designer* de jardins e monge zen praticante, pode dizer-se que as minhas criações correspondem ao meu estado mental. É por isso que existe uma tensão tão positiva entre os elementos nos jardins zen.

O trabalho propriamente dito não é algo que eu consiga levar a cabo sozinho. É preciso transportar pedras grandes e árvores. É necessário usar várias ferramentas e é preciso uma equipa para fazer isso tudo.

Antes de completar um jardim zen, tenho de pedir emprestadas as mãos de muitos.

No entanto, segundo a minha experiência, se me concentrar demasiado no que a equipa vê, é mais difícil o jardim expressar os meus próprios pensamentos.

Embora possa parecer estranho, para coordenar a direção das pedras, quanto menos gente envolvida mais fácil se torna.

E na hora dos ajustes finais, é melhor fazê-los sozinho.

A determinação implica termos a capacidade de confiar em nós mesmos.

76

TENHA FÉ

———

**Aproveite a sabedoria
dos mais velhos.**

Descubra os segredos da vida nas histórias das pessoas mais velhas.

Os que possuem aquilo a que se chama fé, ou o cerne de como viver, nunca perdem a coragem. Disto não há a mais pequena dúvida.

Mas como é que se tem fé?

Podemos aprender com os mentores à nossa volta.

Há bastantes competências que se podem aprender observando as pessoas mais velhas, que são os nossos grandes mentores em tudo. Sejam histórias de sucesso ou de acontecimentos menos felizes, é sempre bom ouvir o que têm a dizer.

Olhe em redor – provavelmente haverá muitas pessoas mais velhas no seu círculo em seu redor. Cada uma delas tem a sua própria história de vida. E cada uma tem a sua experiência e o conhecimento – que serão exponencialmente maiores do que o que você aprendeu até agora. Uma fonte de sabedoria tão maravilhosa e tão à mão.

As histórias que as pessoas mais velhas têm para contar sobre o que viram e viveram não têm preço. Ao contrário do conhecimento que se aprende nos livros ou na escola, elas têm a experiência direta, vinda do coração e vivida na pele. Nas suas histórias reais, poderá encontrar os segredos da vida.

77

EXPERIMENTE CONVERSAR COM UM JARDIM

As coisas que perde quando fica preso às aparências.

O significado de *wabi-sabi*.

Um monge zen vai para as montanhas para se devotar à prática do budismo. Nas profundezas das montanhas e longe de tudo, recebe uma visita.

Dir-lhe-á então: *Lamento sinceramente tê-lo feito vir até aqui, até este fim do mundo.* Este pedido de desculpas – em japonês, *wabi* – é o primeiro componente da estética japonesa de *wabi-sabi*.

A segunda parte – *sabi* – refere-se a um sentimento similar: *Obrigado por ter vindo de tão longe até este lugar tão solitário e remoto. Sabi* significa também "patina" ou "ferrugem" – a beleza que a idade traz – e, provavelmente, reflete a residência despojada do monge. Evoca a solidão do monge – *sabishii*, em japonês.

Tudo isto para dizer que o espírito de *wabi-sabi* tem as suas raízes na consideração pelos outros. Este sentimento também está presente nos jardins zen.

Quando criamos um jardim zen, a disposição das pedras ou da areia não é a primeira coisa a considerar. Para começar, o mais importante não é uma forma ou uma aparência, mas antes o sentimento que o jardim deve invocar.

Experimente ter uma conversa com um jardim zen. Experiencie a beleza melancólica que o *designer* do jardim tentou transmitir e responda-lhe à sua maneira.

78

FAÇA ALGUÉM FELIZ

Um toque especial na cozinha.

A hospitalidade japonesa pode evocar o fluxo do tempo, mesmo à mesa de jantar.

Quando recebe convidados, talvez lhes ofereça uma refeição de vários pratos, com ingredientes especiais de alta qualidade – um banquete à maneira ocidental.

A hospitalidade japonesa é um pouco diferente. Acima de tudo, a prezada cozinha japonesa demonstra uma consciência da época.

Os alimentos da época determinam o que se vai servir à mesa. E há mais dois elementos: um vestígio de algo que acaba de deixar de estar na época, evocando o momento que passa, e algo que começa a estar na época, anunciando a sua chegada.

Por outras palavras, a refeição inclui o final da época que passou, o auge da época atual e o início da época vindoura. Estas três coisas invocam o fluxo do tempo – o passado, o presente e o futuro – para o convidado desfrutar

Para tratar bem as pessoas, não é preciso recorrer a ingredientes sofisticados. Quando prepara uma refeição ou oferece uma prenda, tente incorporar-lhes a noção do fluir do tempo para deixar os seus convidados felizes.

79

ENCONTRE OCASIÕES PARA SE REUNIR COM A FAMÍLIA

Onde pode mostrar-se tal como é.

Ganhe consciência do que é realmente importante.

Afinal, o que significa ter uma família?

As pessoas casam, criam os filhos, vivem juntas – visto de fora, parece que é só isto.

É no seio da família que podemos encontrar a verdadeira paz mental e o apoio emocional.

Quando estamos em família, não temos de nos esforçar tanto para manter as aparências – podemos ser quem somos. Pode dizer-se que um estilo de vida zen anseia pelo mesmo. Parece que é simples, mas não é, na verdade. Todos escondemos as nossas fraquezas e apresentamo-nos melhores do que somos.

Porém, quando vivemos assim, sofremos as consequências. É exatamente por isso que precisamos de família – em família podemos mostrar o nosso verdadeiro "eu".

Mesmo que não viva perto da sua família, da próxima vez que visitar os seus parentes, sente-se a conversar com eles. É o lugar onde pode mostrar-se tal como é. O tempo que passa com a família pode curar uma mente cansada e dar uma nova energia ao coração.

80

APRECIE TODAS AS PESSOAS QUE EXISTIRAM ANTES DE SI

Perceber o milagre de "estar aqui e agora".

Se eliminássemos nem que fosse um só dos nossos antepassados, não existiríamos.

Os japoneses costumavam ter famílias grandes. Havia o avô e a avó, os pais, os filhos. Três ou quatro gerações, todas a viverem sob o mesmo teto – isto facilitava a transmissão da história familiar.

O avô de 80 anos podia falar do seu próprio avô ao neto de cinco anos. O neto podia ouvir histórias passadas duzentos anos antes e ficaria a saber que tipo de pessoas eram os seus antepassados. Era como se a história da família ganhasse vida.

É graças à existência dos nossos antepassados que estamos aqui hoje. Se recuarmos dez gerações, podemos encontrar mais de mil antepassados. Imagine quantos mais encontraríamos se recuássemos 20 gerações, ou até 30 – talvez mais de um milhão de pessoas. E, se eliminássemos nem que fosse um só desses antepassados, não teríamos nascido.

Pensando assim nas coisas, é impossível não sentir gratidão pelos nossos antepassados. Estarmos aqui, parece genuinamente um milagre. Quando ganhamos consciência deste milagre, passamos a compreender como a vida é preciosa.

QUARTA PARTE

20 FORMAS DE TORNAR UM DIA O MELHOR DOS DIAS

Experimente estar atento
ao momento presente.

81

ESTEJA "AQUI E AGORA"

O "eu" de há um momento
é o "eu" do passado.

Concentre-se no aqui e agora em vez de no passado.

Como seres humanos, só podemos viver o momento, o aqui e agora. Por isso, temos de treinar a mente para estar presente neste mesmíssimo instante. É esta a forma zen de pensar.

Os budistas zen gostam de dizer: "Vive nos três mundos." Estes três mundos são o passado, o presente e o futuro. No budismo zen, ouvimos muitas vezes os nomes Amida, Shaka (Shakyamuni) e Miroku, que representam o Buda em cada um dos três mundos.

Se se pergunta como é que esta forma de pensar funciona, comecemos pela respiração. Inspiramos e depois expiramos. O momento em que inspiramos é o presente, mas quando expiramos já se tornou passado. Explicando de outra maneira: quando estava a ler as páginas anteriores deste livro, esse era o seu "eu" do passado. Quando ler as páginas que se seguem, será o seu "eu" do futuro.

Quando algo de mau acontecer e se sentir em baixo, experimente bater palmas à sua frente – num instante, sentir-se-á melhor, ao criar um novo estado de espírito. Como quando um filme passa para uma cena nova, passa a haver um "eu" completamente diferente.

O que importa é este dia, esta hora, este momento.

82

SINTA-SE GRATO POR TODOS OS DIAS, MESMO OS MAIS ROTINEIROS

A felicidade que se encontra na banalidade.

A maior felicidade está na ordem natural das coisas.

Certa vez, um mercador que celebrava o nascimento do seu neto pediu ao monge zen Ikkyu, famoso pelo seu engenho, que escrevesse um panegírico.

Ikkyu pensou um pouco e depois escreveu: "O pai morre, o filho morre, o neto morre."

O mercador leu aquilo com uma expressão perplexa e depois queixou-se, perguntando-lhe porque é que ele tinha escrito uma coisa tão mórbida?

Eis o que Ikkyu respondeu:

"Primeiro morre o pai, depois morre o filho e, por último, o neto envelhece e morre. Essa é a ordem natural. Se a sua família tiver a experiência da morte na ordem natural, terá a maior das felicidades."

Todos se viram na obrigação de concordar.

Superar o dia de hoje, mais um dia simples e rotineiro. Inspirar e expirar, fazer o nosso trabalho, dormir bem. Por mais comum e banal que possa parecer, na verdade isto é o que torna tudo mais incrível.

A simples felicidade de um dia após o outro – tal felicidade está mesmo diante dos nossos olhos.

83

RECONHEÇA
A PROTEÇÃO QUE TEM

———

**Todos estamos na palma
da mão do Buda.**

Por isso, anime-se e continue!

No pensamento budista, diz-se que todos estamos na palma da mão do Buda. Por mais que façamos, no fim de contas, só andamos às voltas na palma da sua mão.

Ao ouvir isto, talvez pense: *Então porque não simplesmente desistir?* Nada disso.

Há coisas não correm como esperava e que podem pô-lo em baixo, mas, no fim de contas, como referi está protegido na palma da mão do Buda. É por isso que deve ter confiança e continuar!

Todos nós estamos por nossa conta na vida. E apesar desta solidão, o Buda vê tudo o que fazemos. Tal deveria ser um bálsamo – deveria animar-nos o espírito. O Buda é omnividente – vê tanto o bem como o mal. Acreditar nisto faz-nos avançar.

Conforta-nos saber que existe um protetor incondicional. E, embora não possamos ver este ser com os nossos próprios olhos, acreditar profundamente nele enche-nos de energia. Eu acredito que todos estamos na palma da sua mão.

Não há qualquer certeza numa promessa feita a nós mesmos – pelo que fazemos uma promessa ao Buda. Assim, fortalecemos a nossa crença.

84

SEJA POSITIVO

**A mente tem o poder de decidir
se somos felizes ou não.**

Estamos aqui para viver cada dia precioso.

Na História do Japão, o período Kamakura [1185-1333] e a parte inicial do período Muromachi [1333-1392] foram caraterizados por guerras constantes. Estas eras medievais viram o espírito e a prática do zen ganhar um apoio disseminado entre a classe dos samurais.

Os samurais enfrentavam a morte constantemente. A qualquer momento uma guerra podia eclodir – era bem possível que, no dia seguinte, estivessem numa batalha.

O espírito do zen parece perfeitamente adequado a tais circunstâncias. A incerteza do amanhã faz com que seja ainda mais importante viver o momento. Devemos dar o nosso melhor por desfrutar do presente.

No budismo, dizemos: "Todos os dias são dias bons." Quer dizer que, aconteça o que acontecer, cada dia é precioso, pois nunca voltará a acontecer. Um dia é bom não por causa do que acontece nem por causa de quem encontramos, mas por causa da nossa própria mente.

Todos os acontecimentos podem ser interpretados de várias maneiras – o que importa é como reagimos. Podemos não ter qualquer controlo sobre o que acontece ou qualquer poder para mudar as coisas, mas a forma como reagimos só depende de nós.

Façamos de hoje, e de cada dia precioso, um dia bom.

85

NÃO COBICE

Querer mais traz sofrimento.

Será que preciso mesmo disso?

No budismo, dizemos *chisoku*, que significa "sente-te satis-feito". Saber quando já chega é sentir-se satisfeito com o que já se tem.

O desejo humano é infindável. Quando temos uma coisa, queremos mais dez. E, quando temos mais dez, queremos cem. Apesar de sabermos que não precisamos dessas coisas todas, somos incapazes de refrear os nossos desejos. Se nos deixarmos levar pelos desejos, não haverá maneira de nos sentirmos satisfeitos.

Há sempre momentos em que desejamos alguma coisa de que precisamos. E isso não tem mal. Mas quando col-matarmos essa necessidade, temos de aprender a dizer que já chega não é preciso mais. E a seguir temos de controlar o desejo de outras coisas.

Com a prática do *chisoku*, podemos alcançar uma mente calma e tranquila. Basta reconhecermos que estamos satis-feitos para o nosso sofrimento diminuir.

Se der por si levado pela insatisfação, pare e observe os seus desejos e expetativas. A seguir pergunte-se se precisa mesmo disso.

86

NÃO DIVIDA AS COISAS
ENTRE BOAS E MÁS

**As suas preocupações
vão desaparecer.**

A respiração não é sujeita a opiniões
– simplesmente existe.

Não há nenhum segredo especial para se ser bom numa coisa. Basta praticar todos os dias. Ter uma rotina sóbria, constante e contínua.

A dada altura, de repente vai descobrir a resposta que procurava.

Um sacerdote zen famoso pratica a austeridade para chegar à iluminação espiritual. Um atleta olímpico nada ou corre, treinando incansavelmente. Haverá um momento em que chegarão ao fim da sua demanda e dominarão a sua arte. É assim que funciona.

Se nos fixarmos apenas no objetivo, esquecemo-nos do prazer da viagem. Quando ficamos obcecados com os resultados, não somos capazes de nos entregar ao aqui e agora.

Na mesma medida, não faça juízos de valor sobre o que está a fazer no momento. Tomemos o exemplo da respiração: não é boa nem má. À medida que inspira e expira, só está a cumprir essa rotina, sem opiniões à mistura.

Dividir as coisas em boas e más só provoca *stress* e preocupações.

87

ACEITE A REALIDADE TAL COMO ELA É

O arte de estar preparado.

Não é uma questão de desistir, mas de se preparar.

O *zenji* (ou sumo-sacerdote) Koshu Itabashi era o abade, agora reformado, de Sojiji, um templo de Yokohama. Tenho um enorme respeito por ele.

Itabashi Zenji recebeu a notícia de que tinha cancro. Ao que parece, o cancro encontra-se num estado bastante avançado. Apesar disso, continua a dedicar-se ao zazen e a pedir pelas almas, como se nada tivesse mudado.

Agora vivo alegremente com o meu cancro, diz. Ninguém estaria à espera de um comentário deste tipo.

Não podemos alterar o facto de o cancro existir. Podemos tentar combater o cancro, mas ele permanece connosco. Essa é a realidade.

Então, como é que a enfrentamos? Não podemos alterar o que acontece na vida, mas está ao nosso alcance decidir como lidar com o que acontece.

É uma questão de nos prepararmos. Ou seja, é uma questão de aceitarmos a realidade tal como ela é.

Ver as coisas como elas são. Aceitar as coisas como são.

À primeira vista, parece que é desistir, mas, na verdade, é o contrário.

88

NÃO HÁ SÓ
UMA RESPOSTA

———

O sentido por trás dos *koans* zen.

Porque temos a prática zen de perguntas-e-respostas?

Estas ideias representam a base do despertar espiritual budista.

O nosso "eu" essencial é puro e limpo, perfeito na sua clareza. A busca por esse "eu" essencial é a busca pelo despertar espiritual, ou *satori*.

Como seres humanos, temos desde sempre tudo aquilo de que precisamos. O despertar espiritual não tem a ver com procurar respostas fora de nós, mas antes com olhar para dentro. Quando encontramos o nosso "eu" puro e verdadeiro, isso é o despertar espiritual – *satori*.

A escola Rinzai do budismo zen mantém uma prática rigorosa de *mondo* – a prática zen de perguntas-e-respostas, ou o estudo de *koans* zen – para alcançar o despertar espiritual. Os *koans* usam a linguagem para provocar a mente e pô-la à prova.

Eis um exemplo bem conhecido: "Um cão tem uma natureza de Buda?"

Responder "sim" pode ser considerado errado, mas responder "não" também pode ser considerado errado.

A prática continua, à medida que mais perguntas sem resposta vão sendo colocadas. Com a repetição do exercício, a resposta virá.

89

NEM HÁ APENAS
UM CAMINHO

**Pensa com a cabeça?
Ou com o corpo?**

Podemos chegar à mesma resposta.

Enquanto a escola Rinzai de budismo zen pratica o estudo de *koans* para alcançar o despertar espiritual, a escola Soto Zen concentra-se apenas e só no zazen.

Shikantaza é a tradução japonesa de um coloquialismo chinês para zazen, que numa tradução livre significa "sentar-se com a mente focada". No *shikantaza*, esquecemo-nos até de que estamos sentados, e a mente entra no nada. Não se procura o despertar espiritual, não se trabalha a força da vontade, não se procura ter uma saúde melhor – não pensamos em nada em concreto. Na Soto Zen, ficamos simplesmente sentados, sem esforço,

Mas decididamente, sentarmo-nos em meditação zazen surte efeitos: apura a sabedoria e, ao fim de algum tempo, pode levar ao despertar espiritual. O objetivo de se estar sentado, contudo, não é alcançar o despertar espiritual – acontece que é uma consequência da meditação zazen.

No fundo, ambas as escolas de zen – Rinzai e Soto – têm o mesmo objetivo: aproximar-nos do nosso "eu" essencial. Diferem apenas no método.

Pensar com a cabeça? Ou pensar com o corpo? Qual é que prefere?

90

NÃO SEJA PRESUNÇOSO

O que as pessoas carismáticas
têm em comum.

O verdadeiro carisma revela-se
sem se dizer palavra.

Algumas pessoas são tão carismáticas que atraem naturalmente os outros à sua volta. É quase como se tivessem uma
aura.

Num *zazenkai*, certa vez discutimos a noção de "habitar
um cheiro em vez de uma forma".

A ameixoeira desafia o inverno frio com as suas flores,
que exalam uma fragrância indescritivelmente encantadora.
O perfume não resiste ao vento – simplesmente deixa-se
levar na corrente da brisa. Porém, o cheiro de uma pessoa
virtuosa dimana em todas as direções.

O carisma ou aura de uma pessoa é algo similar.

Quando as pessoas se tornam abastadas, quando sobem
de estatuto, tendem a tornar-se orgulhosas e presunçosas.
Mas o seu verdadeiro carisma poderia revelar-se mais naturalmente se nada dissessem.

À semelhança das flores das ameixoeiras, tento emanar
um cheiro agradável, mas sem chamar a atenção. Viver gra-
ciosamente "graças a esta pessoa" ou saber que "sem a ajuda
daquela" não estaria onde estou hoje.

91

LIBERTE-SE DO DINHEIRO

Quanto mais tentar acumular,
mais o dinheiro se esvai.

Em que deve focar-se para que as suas preocupações com dinheiro se dissipem.

Por vezes perguntam-me se os sacerdotes budistas não têm de se preocupar com dinheiro. A resposta não é assim tão simples.

Apesar de eu ser o sumo-sacerdote de um templo, o dinheiro continua a ser um requisito. Tenho família, e há necessidades básicas que é preciso suprir.

Segundo os ensinamentos zen, solicitar dinheiro não é intrinsecamente errado, mas não deve ter demasiada importância.

O fundador da escola Soto de zen-budismo, Dogen Zenji, avisou-nos que aqueles que se dedicam a uma vida budista ascética não devem sentirem-se tentados pela fama ou pela fortuna. Não devemos tentar enriquecer a nossa reputação, nem os nossos bolsos.

Uma coisa curiosa acerca do dinheiro é o seguinte: quanto mais nos apegamos a ele, mais ele se nos escapa. Em vez de pensarmos em dinheiro, deveríamos concentrar-nos num propósito superior.

Como posso contribuir para a sociedade? O que posso fazer para ser útil neste mundo? Contemplando estas perguntas e agindo, verá que o dinheiro de que precisa acabará por ir ao seu encontro.

92

ACREDITE EM SI MESMO, SOBRETUDO QUANDO SE SENTE ANSIOSO

Concentre-se na autoconfiança
que se encontra por trás da ansiedade.

A ansiedade tem dois lados.

Imagine que estudou ao máximo para o exame de admissão a uma escola, e que o dia do exame finalmente chegou.

Ou que dedicou tempo e esforço a preparar uma apresentação, e que agora está na hora.

Embora espere dar o seu melhor, no último minuto vê-se acometido por uma vaga de ansiedade. Há pessoas que quanto mais se esforçam, mais ansiosas se sentem.

Quando isso acontecer, observe o que está por trás da ansiedade. Suponho que encontrará a confiança em si próprio.

Quando reconhecer a autoconfiança subjacente à ansiedade, será capaz de superar qualquer ansiedade.

É por isto que é tão importante ter o hábito de acreditar em si.

Diz-se com frequência que, para desenvolvermos confiança em nós mesmos, o primeiro desafio, e também o mais difícil, é alargar os limites da nossa própria mente. Fazê-lo proporcionará uma sensação de realização e, aos poucos, os seus feitos dar-lhe-ão mais confiança.

Tudo correrá bem.

Já chegou até aqui, não foi?

93

REPARE NAS MUDANÇAS DE ESTAÇÃO

Sentir-se-á inspirado a continuar.

Aqui se encontra a única verdade do mundo.

Por mais que o mundo mude, algumas coisas permanecem idênticas.

Nomeadamente, a primavera chega e os botões florescem, e depois o outono instala-se e as folhas caem. Por outras palavras, as coisas seguem o seu curso natural. É exatamente isto que significa o caráter do Buda no budismo – 仏 – que quer dizer felicidade ou a "natureza de Buda" das coisas.

Aquilo a que chamamos primavera, na verdade não tem qualquer forma física. A primavera não existe materialmente.

Não obstante, quando o inverno termina, o vento setentrional dá lugar a uma brisa meridional, que traz temperaturas mais amenas. E logo, as plantas florescem. Vemos isto e pensamos: *olha, chegou a primavera.*

Mas talvez haja quem não repare nos botões e nas flores, e quem as veja e nada sinta – para essas pessoas, a primavera não existe.

Um poeta chinês da dinastia Song do Norte, chamado Su Shi, pasmado com a beleza da paisagem primaveril, disse: "Os salgueiros com o seu verde e as flores com o seu carmim revelam a sua verdadeira natureza." Na forma natural das coisas - é aqui que a verdade se encontra.

Com uma mente aberta, repare na verdade no dia a dia – na natureza de Buda das coisas.

Esta perceção dá-nos a coragem de que precisamos para avançar.

94

TENTE CUIDAR DE ALGO

Tenha afeto por algo ou alguém.

Compreender o que é importante na vida.

Hoje em dia, cada vez mais pessoas regressam à natureza.

Compram terrenos em zonas rurais e, nos dias de folga, dedicam-se a trabalhar no campo. Ou começam um pequeno jardim no pátio, cultivando legumes e flores. Acho que tudo isso é maravilhoso.

Cultivamos a terra e plantamos sementes. Preocupamo-nos se o tempo se mantém seco e apoquentamo-nos se houver demasiada chuva. O que está em causa não é o simples ato de cultivar plantas – é saborear o tempo e o esforço que isso implica.

Quando o que cultivamos começa a medrar, sentimos uma alegria sem limites. E alívio, também. O objeto do nosso afeto devolve-nos energia na mesma medida do afeto que lhe dedicamos.

Poderemos até pensar que cultivamos uma representação de nós mesmos. Quando isso acontece, nem uma gota do afeto que damos se desperdiça.

Quando compramos um tomate no mercado, para nós é só mais um tomate. Porém, um tomate cultivado por nós mesmos transcende a condição de mero "ingrediente".

É através do ato de cuidar de algo que desenvolvemos uma mente que se preocupa com as coisas, uma mente que sente afeto pelos outros.

95

ESCUTE A VOZ
DO SEU VERDADEIRO "EU"

Aprenda a apreciar a introspeção.

Um jardim de paisagem seca simboliza uma vida de isolamento.

Um dos edifícios de um templo zen é a residência do abade, chamada *hojo*. Historicamente, sempre houve um jardim zen junto ao *hojo*.

O que motivará o sumo-sacerdote a ter o seu próprio jardim ideal mesmo perto do sítio onde vive?

A maioria dos jardins zen são jardins de paisagem seca – chamados *karesansui*. Há muito tempo, o estilo de vida ideal para um monge zen era isolar-se nas profundezas das montanhas, para se devotar ao crescimento espiritual. Talvez viver como um eremita, como o famoso monge Ryokan, do período Edo, proporcionasse fruição.

Mas a verdade é que é muito difícil viver dessa forma. Hoje em dia, poucos são os monges que se isolam nas profundezas das montanhas, mas têm jardins de paisagem seca para simbolizar este ideal.

Talvez isto o faça apreciar mais os jardins zen.

Da próxima vez que visitar um jardim desses, sente-se por um momento e imagine que entrou nas profundezas das montanhas.

Assim transportada, liberta das obrigações diárias, a mente torna-se transparente e o seu verdadeiro ser poderá revelar-se inesperadamente.

96

PREZE ESTAR VIVO, TODOS OS DIAS

A vida realmente passa num
abrir e fechar de olhos.

O tempo passado de forma alheada é tempo vão.

Nos templos zen, há uma tábua de madeira chamada *han*, na qual se bate com um malho para assinalar que é chegada a hora de alguma parte da rotina diária. Poderá ter inscritas as palavras *Shoji jidai*. Alguma vez terá visto isto? As palavras significam: A vida está cheia de ventura e desventura, mas preza estar vivo, todos os dias. A vida passa.

O meu pai pertencia à geração que conheceu a guerra em jovem.

Uma vez, deu por si no meio de uma troca de tiros. Era um ataque furioso do inimigo. O meu pai deitou-se, colado ao chão, desejando com todas as forças escapar à fuzilada. Quando os disparos finalmente pararam e ele se atreveu a levantar a cabeça, os outros soldados, tanto de um lado como do outro, tinham morrido. Sempre que contava esta história, o meu pai concluía dizendo: *Sinto-me grato por estar vivo e por me encontrar aqui hoje. Nós, seres humanos, somos animados por um poder grande e invisível.*

Somos animados – é-nos dada vida. E, por esse motivo, não devemos desperdiçá-la.

Temos de ver o nosso verdadeiro "eu" com uma mente aberta e, quando pensamos em coisas – quando há coisas que queremos fazer –, temos de as fazer como se as nossas vidas dependessem disso. O tempo passado de forma alheada é tempo vão.

Vá, abra os olhos.

Que tipo de dia havemos de fazer do dia de hoje?

97

DEDIQUE-SE INTEIRAMENTE AO AQUI E AGORA

A vida é uma prática longa, mas breve.

O meu pai, que viveu cada dia ao máximo.

O meu pai viveu até à idade avançada de 87 anos. Durante vários anos antes de falecer, padeceu de um cancro, mas, tendo vivido tanto tempo, é quase como se tivesse morrido de "cancro natural".

Um dia antes de falecer, passou três horas a arrancar ervas daninhas do jardim do templo. No dia em que morreu, levantou-se cedo como sempre, arrumou o quarto e varreu-o.

Depois do almoço, sentiu-se um pouco tonto e bateu com o peito na mesa, pelo que foi ao hospital para que o examinassem. Mediram-lhe a tensão arterial, que se revelou anormalmente baixa, e foi pouco depois de lhe terem colocado uma agulha intravenosa para lhe administrarem um medicamento que lhe aumentaria a tensão que ele faleceu serenamente.

Para mim, essa é uma bela forma de morrer. Não imagino que venha a estar à altura do meu pai.

Ele era simplesmente determinado quanto a viver no momento. Até ao dia em que morreu, devotou-se a cuidar do jardim e, na medida das suas capacidades, tentou cumprir as responsabilidades que lhe eram confiadas.

Talvez o meu pai tenha tido uma premonição da sua morte. Mas isso seria algo que só ele saberia.

Ele ensinou-me, pelo seu exemplo, que a prática continua até ao momento em que morremos.

98

FAÇA TODOS OS PREPARATIVOS

Todos temos um destino.

Há quem aproveite oportunidades
e quem as deixe passar.

Eis uma parábola zen:

Há duas ameixoeiras. Uma passou o inverno frio a preparar-se para que, quando a brisa primaveril chegasse, estivesse pronta e pudesse florir. A outra começou a pensar em florir só quando a brisa primaveril chegou; esta árvore ainda tremia ao frio quando, de repente, o vento mais ameno começou a soprar. A ameixoeira que estava preparada aproveitou a oportunidade para que as suas flores se abrissem, enquanto a outra interpretou esse momento para dar início aos preparativos para as suas flores.

No dia seguinte, a brisa primaveril foi-se embora e o frio do inverno tornou a instalar-se. Nesse ano, as flores da ameixoeira que negligenciou os seus preparativos não conseguiram desabrochar por completo.

Acontece o mesmo com as pessoas.

Os ventos do destino sopram para todos nós. Se será capaz de aproveitar ao máximo uma oportunidade dependerá da sua dedicação e do seu nível de preparação a longo prazo.

99

CONTEMPLE
COMO MORRER

**Sempre que se sentir confuso
em relação a como viver.**

A felicidade está mesmo à mão.

A palavra *shoji* significa, em japonês, o conceito budista de samsara, o ciclo da morte e da vida.

Nascemos neste mundo e depois morremos. São apenas dois lados da mesma moeda. Por outras palavras, tal como contemplamos como viver, deveríamos contemplar como morrer.

Se lhe dissessem que a sua vida ia acabar daqui a seis meses, provavelmente dedicaria bastante tempo a pensar como quereria passar esse tempo. Mas e se só lhe restasse um mês? Uma semana? E se a sua vida fosse acabar amanhã? Decerto, nesse preciso momento, saberia o que fazer de imediato. Sentiria que não poderia desperdiçar esse dia.

A vida acontece num abrir e fechar de olhos. É mesmo assim.

Alguma vez passou um dia a ver televisão e, de repente, deu por a noite ter caído? Talvez tenha pensado que não era sua intenção desperdiçar tanto tempo. Quando queremos fazer alguma coisa, o tempo passado sem nos dedicarmos a nada parece tempo desperdiçado.

Temos de dar o nosso melhor por não desperdiçar este "abrir e fechar de olhos" que nos foi dado.

100

APROVEITE A VIDA
AO MÁXIMO

———

**A vida é uma coisa preciosa,
entregue à nossa guarda.**

A vida é nossa, mas não nos pertence.

Isto pode parecer inopinado, mas, afinal, de quem é a vida?

Os que respondem imediatamente: *a minha vida é definitivamente minha*, pensem um pouco sobre isso.

No budismo, a palavra *jomyo* refere-se ao tempo de vida. Cada um de nós tem o seu próprio *jomyo*. À nascença, a duração da nossa vida é determinada. Contudo, ninguém sabe quanto tempo terá.

Por outras palavras, estar vivo significa que temos de aproveitar ao máximo a vida que nos é confiada. A vida não nos pertence – é uma dádiva preciosa que temos de tratar como se fosse colocada à nossa guarda. E, independentemente do tempo de vida que nos seja atribuído, temos de ter o maior dos cuidados para a devolver.

Alguns entre nós serão abençoados com uma vida longa, enquanto outros poderão ter apenas um breve período de tempo. Nada há de justo nisto.

Mas o budismo ensina que o valor de uma vida não se mede pela sua duração.

O que é importante é como vivemos a vida que nos é dada.

Como é que vai aproveitar a sua vida hoje?

Revisão: **Emília Silva / Eda Lyra**
Capa: **Maria Manuel Lacerda**
Imagem da capa: © **Shutterstock**
Composição: **Fátima Buco**
Produzido e acabado por **Multitipo**